KB088873

아이의 미래를 열어 주는 진로 이야기

진로독서 워크북

진로독서 워크북

초판 1쇄 2015년 3월 16일

엮은이 (사)전국독서새물결모임
펴낸이 조영진

펴낸곳 고래가숨쉬는도서관
출판등록 제406-2012-000082호
주소 경기도 파주시 문발로 115, 302호(문발동, 세종출판벤처타운)
전화 031-944-9680   팩스 031-945-9680
홈페이지 www.goraebook.com   이메일 goraebook@naver.com

ISBN 978-89-97165-90-2 44020
     978-89-97165-35-3 44020(세트)

이 도서의 국립중앙도서관 출판시도서목록(CIP)은 서지정보유통지원시스템 홈페이지(http://seoji.nl.go.kr)와
국가자료공동목록시스템(http://www.nl.go.kr/kolisnet)에서 이용하실 수 있습니다.(CIP : CIP2015005400)

요리사
의사/간호사
선생님
경찰
법조인
디자이너
방송인
운동선수
작가
과학자

초등

아이의 미래를 열어 주는 진로 이야기

진로독서 워크북

(사)전국독서새물결모임

고래가
숨 쉬는
도서관

행복한 진로교육의 정착을 위한
진로독서 워크북

학교 독서교육은 교양독서, 교과독서, 진로독서의 세 영역으로 구성되어 있습니다. 교양독서는 교과와 특별한 관련이 없는, 그러나 교양이 되는 내용의 독서를 말하고, 교과독서는 국어·수학·사회·과학·예술 등의 교과교육과 관련되는 내용의 독서를 말합니다. 그리고 진로독서는 학생의 흥미, 적성, 소질, 진로 탐색을 위한 독서를 의미합니다.

앞으로 독서교육을 활성화하고, 도서관 활용 독서교육과 교과연계 독서교육이 정착되기 위해서는 위 세 영역의 독서교육이 자리 잡아야 합니다. 꿈과 끼를 키우는 교육을 위해서도 진로독서를 포함한 독서교육에 대한 인식 전환이 필요합니다. 우리 아이들이 행복하게 자신의 미래를 설계하고, 자신이 설계한 꿈을 이루도록 돕기 위해서 독서교육은 매우 중요합니다. 따라서 교양독서와 교과독서 그리고 진로독서 이 세 영역의 독서는 초등학교에서부터 고등학교에 이르는 전 교육과정에서 두루 시행하는 것이 좋습니다.

최근 진로독서가 교육계의 새로운 화두로 떠오르고 있습니다. 이에 사회적 기업인 우리 법인에서도 초·중·고 모든 학교 학생들에게 필요한 〈진로독서 가이드북〉을 개발, 출판하여 좋은 반응을 받은 바 있습니다. 이 연구는 먼저 한국표준직업분류와 국제분류기준을 반영하여 세세분류 1,206가지 중, 52개의 중분류를 기준으로 각 직업군을 분류하고, 교육과정의 교과정보에 맞춰 학생들의 발달 단계에 적절한 책을 선정하였습니다. 그리고 진로토론 등 진로에 대한 다양한 발문을 개발하여 진로교육을 돕는 〈진로독서 가이드북〉으로 출판한 것입니다.

우리 법인은 이러한 연구 활동의 후속 프로그램으로 〈진로독서 워크북〉을 개발하여, 자유학기제를 운영하고 진로교육을 실시하는 학교에 도움을 드리려 합니다. 〈진로독서 워크북〉

은 초등 10개, 중등 9개의 주요 직업군을 선정하고, 직업군별 대상 도서를 선정하여 진로독서 활동을 전개할 수 있도록 구성하였습니다. 특히 우리 법인에서 개발한 이야기식 독서토론의 진행 방식을 원용하여 1단계는 배경지식에 관한 발문을, 2단계는 책 속에서 독후 활동을 겸한 진로 찾기 발문을, 3단계에서는 책 밖에서 진로 찾기 발문을 순서대로 수록하였습니다. 각 직업군별로 세 권의 진로독서를 통한 진로 찾기를 끝내면, 마지막 단계는 인터뷰와 현장 체험 등의 진로 탐색 활동을 체험해 볼 수 있도록 개발하였습니다.

덧붙여 진로독서를 지도하는 선생님들을 위해 우리 법인이 부설 운영하는 〈미래를 여는 세종교육원〉의 원격연수 과정을 개발하였습니다. 〈진로독서지도사〉 자격 과정으로 운영되는 이 과정에는 〈진로독서 가이드북〉과 〈진로독서 워크북〉 활용 사례와 지도 방법 등을 원격강의를 통해 좀 더 자세하게 학습할 수 있습니다.

진로독서는 우리 아이들을 미래 사회의 행복한 주인공들로 만듭니다. 이 책은 진로와 독서를 융합하여 보다 효율적이고 내밀화된 진로를 준비하여 학생들에게 행복한 진로독서 프로그램을 제공하고자 합니다. 나아가 〈진로독서 가이드북〉과 연계하여 진로독서 활동을 연간 지속적으로 지도할 수 있도록 돕고자 합니다. 이 책을 통해 우리 아이들이 행복한 미래 사회를 준비하며, 자신의 꿈과 끼를 맘껏 발산하는 신나는 학교생활을 하게 되기를 간절히 소망해 봅니다.

끝으로 이 책을 발간하기까지 집필을 위해 최선을 다해 주신 선생님들과 진로독서연구소 연구진의 노고에 깊이 감사 드리며, 편집과 출판을 위해 애써 주신 고래가숨쉬는도서관 관계자 여러분께도 감사의 말씀을 올립니다.

2015년 3월

(사)전국독서새물결모임 회장 임영규

현대 사회를 지식 정보화 사회라고 합니다. 그에 걸맞게 세계 여러 나라에서 한 해 동안 생산해 내는 지식 정보의 양은 전 인류가 오천년간 쌓아온 지식 정보의 양과 맞먹을 정도이고, 기술 정보는 2년마다 2배씩 증가하고 있습니다. 또한 2020년이 되면 73일마다 지식이 2배씩 증가할 것이라는 예측도 나오고 있습니다.

이런 급속한 변화에 따라 이어지는 미래 사회는 어떤 사회가 될까요? 아이들을 가르치는 사람들은 누구보다도 미래 사회에 대한 깊은 이해가 필요합니다. 미래학자들은 앞으로 10년 내에 현재 직업의 80%가 소멸되거나 진화될 것이고, 미래에는 1인당 직업이 적게는 29가지에서 많게는 40가지가 될 것이라고 예측하고 있습니다.

미래 사회에서 우리 아이들이 온전한 사회 구성원으로 역할을 수행하고, 자신의 행복한 삶을 영위할 수 있도록 도와주기 위한 진로교육은 어떻게 이루어져야 할까요? 진로발달 이론에 의하면 초등학교에서는 진로를 인식하는 단계가 매우 중요합니다. 그래서 자아 이해와 사회적 역량 개발에 중점을 두고 진로교육을 해야 합니다. 긍정적으로 자신을 이해하게 하고, 사회적으로 필요한 역량을 개발해 줄 수 있도록 진로교육의 방향을 잡아야 합니다.

특히 초등학교는 가족 이외 타인과 상호작용을 활발하게 하며 자아개념을 형성하기 시작하는 단계입니다. 그래서 바람직한 관계 맺기가 중요한데 이것이 바로 사회적 역량을 개발하는 기초가 되는 것입니다. 이 역량 개발은 단순한 직업에 대한 정보 탐색과 체험활동만으로는 부족합니다.

이에 (사)전국독서새물결모임에서는 독서로 그 답을 찾고자 진로독서 워크북을 개발하게 되었습니다. 진로교육은 지도하는 사람이 중심이 되는 것이 아니라, 미래 사회를 준비하는 우리 어린이들이 주축이 되고 그들이 능동적으로 활동할 수 있도록 안내하고 촉진해야 합니다. 그렇기 때문에 진정한 진로교육은 자기주도적인 독서활동을 통해 미래 사회에 필요한 가치관을 체득하고, 필요한 정보를 수집하고 조직하여, 자신의 진로에 필요한 역량을 능동적으로 개발할 수 있어야 합니다. 바로 이런 활동을 수월하게 해 줄 수 있도록 본 법인에서는 초등학생들이 선호하는 10개의 직업군을 선정하고, 직업당 관련 도서 3권을 선정하여, 독서활동을 중심으로 진로교육이 이루어지도록 〈진로독서 워크북〉을 개발하게 되었습니다.

아무쪼록 이 책이 진로 준비에 관심과 흥미를 느끼는 아이들과 진로교육을 어떻게 할 것인가 고민하는 선생님들께 실질적인 도움이 되기를 소망합니다.

진로독서 워크북 개발 초등 팀장 최문경

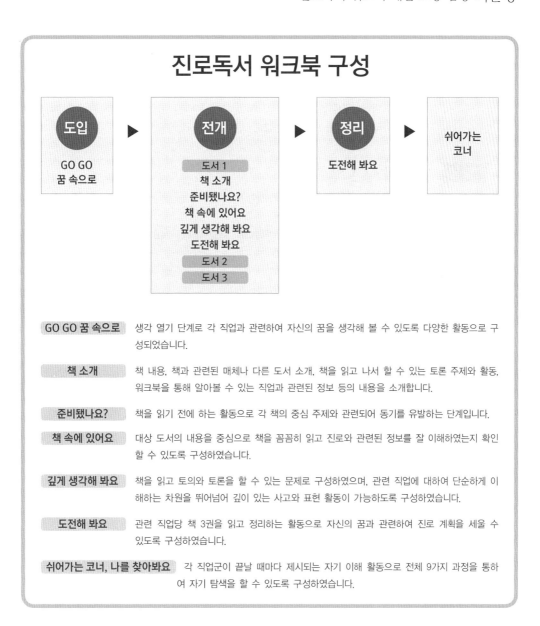

진로독서 워크북 구성

GO GO 꿈 속으로 생각 열기 단계로 각 직업과 관련하여 자신의 꿈을 생각해 볼 수 있도록 다양한 활동으로 구성되었습니다.

책 소개 책 내용, 책과 관련된 매체나 다른 도서 소개, 책을 읽고 나서 할 수 있는 토론 주제와 활동, 워크북을 통해 알아볼 수 있는 직업과 관련된 정보 등의 내용을 소개합니다.

준비됐나요? 책을 읽기 전에 하는 활동으로 각 책의 중심 주제와 관련되어 동기를 유발하는 단계입니다.

책 속에 있어요 대상 도서의 내용을 중심으로 책을 꼼꼼히 읽고 진로와 관련된 정보를 잘 이해하였는지 확인할 수 있도록 구성하였습니다.

깊게 생각해 봐요 책을 읽고 토의와 토론을 할 수 있는 문제로 구성하였으며, 관련 직업에 대하여 단순하게 이해하는 차원을 뛰어넘어 깊이 있는 사고와 표현 활동이 가능하도록 구성하였습니다.

도전해 봐요 관련 직업당 책 3권을 읽고 정리하는 활동으로 자신의 꿈과 관련하여 진로 계획을 세울 수 있도록 구성하였습니다.

쉬어가는 코너, 나를 찾아봐요 각 직업군이 끝날 때마다 제시되는 자기 이해 활동으로 전체 9가지 과정을 통하여 자기 탐색을 할 수 있도록 구성하였습니다.

차례

제1장

요리사

짜장면 더 주세요!(이혜란, 사계절출판사)
열두달 토끼밥상(김정현, 보리)
밥상을 차리다(주영하, 보림)

GO GO 꿈 속으로

❖ 내가 만약 요리사가 된다면?

 나는 유명 레스토랑에서 일하는 보조 요리사입니다. 세계적으로 유명한 주방장님 밑에서 요리를 배우고 있으며 조리 관련 학과를 졸업하고, 한식과 양식 조리사 자격증도 땄습니다.
 내가 유명한 주방장이 되어 명함을 만든다면 …….

얼굴 사진 붙이기	이름: 직함: 학력: 경력: 주소: 연락처:
나를 홍보하는 말:	

 생각만 해도 멋지지요?
 지금은 비록 보조 요리사지만 유명한 요리사가 될 날을 꿈꾸며 책 속에서 나의 꿈을 찾아서 출발해 봅시다.

짜장면 더 주세요!	

도서정보	이혜란/ 사계절출판사/ 2010년/ 51쪽/ 11,000원
교과정보	「사회」
진로정보	서비스/ 조리 및 음식 서비스직/ 주방장 및 조리사

어떤 책일까

우리가 늘 먹는 짜장면과 짬뽕, 탕수육. 우리 집까지 배달되어 오는 이 음식들은 어떤 과정을 통해 만들어지는 걸까? 중국집 안에서 요리사들은 어떤 재료를 가지고 어떤 도구를 사용하여 음식을 만들까? 『짜장면 더 주세요!』에서는 중국집 딸인 강희의 눈을 통해 중국집 요리사의 하루 일과를 따라가 본다.

새벽시장에서 싱싱한 재료를 골라 사고, 손님이 오기 전에 장사 준비를 하고, 뜨거운 불 앞에서 요리하고, 수타면을 치고, 배달도 다니고, 가게 청소를 하는 요리사의 일상이 생생하게 펼쳐진다.

강희의 이야기를 통해서 배달 다니는 아빠, 설거지하는 엄마와 같이 세세한 노동의 일상을 생생하게 지켜보고, 나아가 일하는 사람의 애환과 보람을 느낄 수 있다.

무엇을 더 볼까 (진로 탐색)
관련매체: <한국조리직업전문학교> (http://yori.or.kr)
관련도서: 『누들로드 1』/ 홍용훈 / 해와비

무엇을 이야기해 볼까 (진로 토론)
1. 외국 유학을 다녀와야 세계적인 요리사로 인정받을 수 있다.
2. 레스토랑에서 일하는 요리사가 중국집에서 일하는 요리사보다 더 가치 있다.

무엇을 해 볼까 (진로 활동)
1. 아침 일찍 일어나 부지런히 일하는 직업을 소개하는 글을 써 보자.
2. 요리사가 하는 일을 찾아보고, 몰랐던 부분에 대해 이야기해 보자.

얼마나 가까울까 (진로 척도)

1. 요리사가 되고 싶어요.	1	2	3	4	5
2. 요리사가 하는 일을 알 수 있어요.	1	2	3	4	5

준비됐나요?

1. 좋아하는 중국 요리는 무엇인가요? 좋아하는 중국 요리를 소개해 보세요.

사진 붙이기	

2. 중국집 요리사 하면 생각나는 것을 말해 보세요.

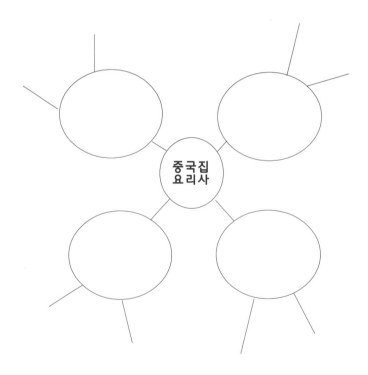

책 속에 있어요

1. 강희 부모님의 하루 일과를 보기에서 찾아 순서대로 적어 보세요.

> <보기> 가게 쓸고 닦기, 시장에 가서 신선한 재료 사기, 요리하기,
> 장부 정리하기, 재료 다듬기, 배달·설거지하기

2. 이 책에는 싱싱한 재료 고르는 방법이 소개되어 있어요. 알맞은 내용을 찾아 선을 이어 보세요.

(1) 양파   •
뜨겁게 달군 팬에 넣고 녹여서 기름을 만든다. 하얗고 탱탱한 것이 좋다.

(2) 돼지비계   •
빨판이 손에 붙는 게 싱싱하다.
해물 요리에 두루 쓴다.

(3) 오징어   •
껍질 얇은 걸로 잘 골라서, 짜장 양념 볶을 때 깍둑 썰어 넣는다.

(4) 감자   •
겉껍질이 잘 마르고 단단한 것이 좋다.
중국 요리란 요리에 다 들어간다.

3. 다음은 신흥반점의 차림표입니다. 책을 읽고 다음 차림표를 완성해 보세요.

차림표														
식사부	짜장면	우동	짬뽕	간짜장	쟁반짜장	울면							삼선볶음밥	마파두부
요리부	탕수육	라조기	라조육						도미찜	오향장육	소고기잡채			

4. 위의 차림표에 나와 있는 중국 음식 중에 내가 먹어 보지 않았거나 잘 모르는 음식이 있나요? 어떤 음식인지 조사해 봅시다.

5. 강희 아빠는 중국집 요리사입니다. 강희 아빠가 요리를 만들기 위해서는 여러 가족의 도움이 필요합니다. 가족들이 어떤 일을 돕는지 찾아 써 봅시다.

강희 엄마

강희

6. 내가 만약 강희라면 요리를 하는 아빠를 위해 해 줄 수 있는 일에는 무엇이 있나요?

깊게 생각해 봐요

1. 다음은 인터넷 누리집에서 『짜장면 더 주세요!』 책을 읽고 쓴 댓글입니다.
   두 번째 인물이 말했을 것 같은 내용이 무엇인지 여러분의 생각을 써 보세요.

상품정보	회원리뷰 (9)	이벤트 (2)	북뉴스 (1)	교환/반품/품절

북로그 리뷰 (9) 전체보기 쓰러가기

동네 중국집의 일상적인 풍경을 소탈하고 재미있게 볼 수 있는 책 ne**in95 | 2011-07-05 | 추천: 0 | ★★★★☆

중국 요리를 먹으면서도 부엌 안의 모습이 궁금했는데 잘 알 수 있었어요.

요리사가 많은 일을 하네요.   sy**seo | 2010-12-09 | 추천: 0 | ★★★★★
제가 알고 있는 요리사는
준비된 재료로 맛있는 음식만 만드는 일을 하는 사람이었는데,

--

빈칸에 쓸 내용은?

2. 다음은 이 책의 내용 중 일부입니다. 잘 읽고 물음에 답하세요.

> (가) 중국 요리는 도마, 칼, 팬만 있으면 다 만들 수 있어. 요리 도구가 아주 간단하지. 그만큼 도구를 다루는 솜씨가 좋아야 음식이 맛있어. <u>그래서 팬 다루는 데 십 년, 칼 다루는 데 십 년 걸린다는 말이 있어.</u>
>
> (나) 중국 요리는 센 불로 만들어. 기름을 두르고 푸른 연기가 날 때까지 팬을 달군 다음 재료를 넣어, 뜨거운 기름에 눈 깜짝할 사이에 겉이 익어서 속에 있는 맛과 영양이 빠져나가지 못하지.
>
> (다) 무딘 칼로 자르면 채소가 으깨지고, 고기즙도 빠져나가. 좋은 모양으로 썰 수도 없고.

(1) 글 (가)에서 밑줄 그은 말이 의미하는 것은 무엇인가요?

(2) 글 (가)에 적힌 말처럼 훌륭한 중국 요리를 만드는 요리사가 되기 위해서 20년의 시간이 걸린다면, 어떻게 할 것인가요? 여러분의 생각을 적어 보세요.

(3) 글 (나)와 (다)에 적혀 있듯이 중국 요리를 만들려면 불과 칼을 잘 다루어야 합니다. 중국 요리를 만드는 요리사가 되고 싶지만, 불이나 칼을 무서워하는 친구가 있다면 어떤 조언을 해 줄 수 있을까요?

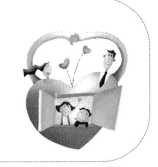

열두달 토끼밥상		
도서정보	김정현/ 보리/ 2008년/ 179쪽/ 9,800원	
교과정보	「실과」	
진로정보	서비스/ 조리 및 음식 서비스직/ 주방장 및 조리사	

어떤 책일까

　손수 만들어 먹으면 배만 부른 것이 아니라 마음도 부르다. 남이 해 준 요리를 먹을 때도 '무엇이 들어갔을까?', '어떻게 만들었을까?' 하고 생각하니까 더욱 맛이 있다. '어린이 혼자서도 척척 만드는 제철 요리'라는 제목에서 알 수 있듯이 어린이들이 책을 보면서 요리를 쉽게 배울 수 있을 뿐 아니라 열두달에 나오는 제철 재료를 접할 수 있다.

　아토피 피부염을 앓고 있는 딸을 위해 건강한 재료로 만드는 건강한 음식을 소개하고 있어 인스턴트식품이나 패스트푸드에 익숙한 요즘 어린이에게 추천할 만하다. 요리법 또한 어린이 눈높이에 맞추어 어려운 계량 용어 대신 '두세 숟갈' 이라는 정겨운 계량법으로 소개하고 있다.

무엇을 더 볼까 (진로 탐색)

　관련매체: <꼬마요리사> (http://home.ebs.co.kr/kidscook/main)

　관련도서: 『식객』 / 허영만 / 김영사

무엇을 이야기해 볼까 (진로 토론)

1. 보기 좋은 음식이 먹기도 좋으므로 요리를 할 때 예쁘게 보기 좋게 만드는 것이 중요하다.
2. 농사 기술의 발전으로 사계절 내내 요리 재료를 구할 수 있는 요즘 제철 요리는 중요하지 않다.

무엇을 해 볼까 (진로 활동)

1. 직접 요리를 해 보고 느낀 점을 서로 이야기해 보자.
2. 나만의 레시피북을 만들어 보자.

얼마나 가까울까 (진로 척도)

1. 제철 요리 재료를 알 수 있어요.	1	2	3	4	5
2. 요리를 직접 할 수 있어요.	1	2	3	4	5

준비됐나요?

1. 요리를 해 본 적이 있나요? 내가 직접 해 본 요리나 하고 싶은 요리를 정하여 요리하는 과정을 간단하게 적어 보세요.

	▶

▼

◀	

2. 내가 좋아하는 음식을 다섯 가지만 적어 보세요.

3. 이 중에서 몸에 좋은 건강한 음식은 무엇인가요? 그것을 왜 건강한 음식이라고 생각했나요?

건강한 음식	그렇게 생각하는 까닭

책 속에 있어요

1. 이 책 내용 중에서 고기만 좋아하는 여우 자매에게 채소를 먹이기 위해 만든 요리는 무엇인가요? (   )
① 봄나물 토렴 ② 톳나물 ③ 감자수프 ④ 양푼비빔밥 ⑤ 오이냉국

2. 다음 빈칸에 들어갈 낱말을 책에서 찾아 쓰세요. (   )

> 옛날 사람들은 귀신들이 붉은색을 싫어한다고 생각했어. 그래서 아이들 생일에 붉은 (   )으로 수수(   )떡을 하고, 동지에는 귀신을 쫓으려고 (   )죽을 먹었어.

3. 다음 상황에 알맞은 양념을 <보기>에서 찾아 쓰세요.

> <보기> 식초, 설탕, 참기름, 효소, 간장, 꿀, 소금

상황	알맞은 양념
국이 싱거워요.	
나물에서 고소한 냄새가 안 나요.	
몸에 좋은 단맛을 내고 싶어요.	

4. 책에서 소개된 요리 중 하나를 골라 직접 만들어 보세요. 만들고 난 후, 느낌을 정리해 보세요.

내가 고른 요리

만들고 난 후 느낌이나 생각

깊게 생각해 봐요

1. 요즘 환경 변화로 인해 알레르기 질병(아토피 피부염, 땅콩 알레르기, 비염 등)을 가지고 있는 친구들이 많이 있어요. 이런 친구들에게 추천할 수 있는 요리에는 어떤 것들이 있는지 책이나 인터넷에서 찾아보고 소개해 볼까요?

당신을 위한 오늘의 추천 요리

주방장:

요리 이름:

들어가는 재료:

요리 소개:

2. 책에 소개된 요리 중에서 하나를 골라 요리 방법을 적어 봅시다. 책에 나온 방법 중 일부분을 바꾸어 여러분만의 새로운 요리법을 만들어 보세요.

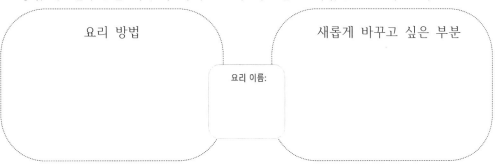

요리 방법

새롭게 바꾸고 싶은 부분

요리 이름:

3. 여기 나오는 맹물 자매들은 스스로 요리를 합니다. 못생기고, 볼품은 없지만 제철에 나는 재료를 가지고 예쁜 손으로 조물조물 만들어 가족들과 함께 나누어 먹지요.

　TV나 책에 나오는 유명한 요리사들이 만든 음식을 본 적이 있나요? 맛있게 만드는 것은 물론 마지막 접시에 담을 때는 예쁘게 담아내기 위해 많은 노력을 합니다.

　여러분은 맹물 자매가 만든 못생긴 요리와 유명한 요리사가 예쁘게 만든 요리 중 어떤 것이 더 가치 있다고 생각하나요? 여러분의 생각을 적어 봅시다.

맹물 자매의 못생긴 요리가 더 가치 있다.	유명한 요리사의 예쁘게 장식된 요리가 더 가치 있다.
그 까닭은	그 까닭은

밥상을 차리다 (한반도 음식 문화사)		
도서정보	주영하/ 보림/ 2013년/ 60쪽/ 16,000원	
교과정보	「사회」	
진로정보	서비스/ 조리 및 음식 서비스직/ 주방장 및 조리사	

어떤 책일까

구석기, 신석기 시대부터 인스턴트식품이 생산되는 오늘날까지 우리나라의 음식에 관한 모든 기록이 적혀 있는 책이다. 다양한 음식 문화와 전통을 22개의 주제로 나누어 차근차근 흥미롭게 설명하고 있다. 자칫 지루할 수 있는 이야기지만, 예쁜 색채의 자세한 그림이 곳곳에 곁들여 있어 이해를 도와주고 있다.

한국인은 언제부터 고추를 먹기 시작했을까? 옛날 사람들은 얼마나 큰 밥그릇에 밥을 먹었을까? 옛날에도 패스트푸드가 있었을까? 호기심을 채워 주는 음식 관련 이야깃거리부터 음식을 만들기 위한 조리 기구와 밥상의 형태, 식기의 종류 등 밥과 관련해서 알아야 할 다양한 정보들이 우리의 눈길을 끈다.

무엇을 더 볼까 (진로 탐색)

관련매체: <입동 무렵>(다큐멘터리, EBS 지식채널e)

관련도서: 『세계 음식 지도책』 / 주영하, 최설희 / 상상의집

무엇을 이야기해 볼까 (진로 토론)

1. 신토불이라는 말이 있듯이 무조건 우리나라에서 만든 재료로 음식을 만드는 것이 우리나라 사람에게 좋다.
2. 요리사에게 음식의 유래나 역사를 아는 것보다 맛있는 음식을 만드는 것이 더 중요하다.

무엇을 해 볼까 (진로 활동)

1. 나만의 맛 지도를 만들어 보자.
2. 한식을 소개하는 광고 포스터를 그려 보자.

얼마나 가까울까 (진로 척도)

	1	2	3	4	5
1. 음식의 역사를 배우는 것이 재미있어요.	1	2	3	4	5
2. 우리나라 음식 문화를 알 수 있어요.	1	2	3	4	5

준비됐나요?

1. 우리 가족이 계절에 따라 즐겨먹는 음식을 적어 보세요.

2. 1에 적은 음식 중에서 옛날부터 있었던 음식과 요즘 새로 생긴 음식으로 나누어 보세요.

옛날부터 있었던 음식	
요즘 새로 생긴 음식	

3. 옛날부터 있었던 음식 중에서 한 가지를 골라 우리나라 사람들이 언제부터 그 음식을 먹게 되었는지 찾아서 적어 보세요.

책 속에 있어요

1. 다음은 '이규보'라는 고려 후기의 문장가가 쓴 '집 안 채마밭의 여섯 노래'입니다. 내용을 읽고 제목을 맞춰 볼까요?

제목:	제목:
물결치는 자줏빛에 붉은빛도 보이나 늘으면 어찌하리 　꽃 보고 열매 먹으니 (　　)만 한 것이 없네 　밭이랑에 가득한 푸른 알과 붉은 알 　날로 먹어도 삶아 먹어도 그 맛이 모두 좋네	고운 손처럼 가지런히 모여 수북하게 많네 　아이들은 이것으로 악기처럼 부는데 마치 퉁소를 닮았네 　술자리에서는 안주 구실뿐만 아니라 비린 국에 썰어 넣으면 그 맛이 더욱 좋네

(힌트! 채소 이름이에요.)

2. 다음 중 다른 나라에서 들어온 음식이 아닌 것은 무엇인가요? (　　　)

① 두부　② 소주　③ 장아찌　④ 탕수육　⑤ 월병

3. <보기>를 읽고 알 수 있는 사실을 써 봅시다.

> <보기>
> - 조선의 임금은 풍년을 기원하는 제사를 주관하고, 전국의 농사를 살펴 백성의 끼니를 챙긴다.
> - 어진 임금이라면 마땅히 백성의 밥상에 관심을 가져야 했다. 백성들을 굶주리지 않게, 넉넉히 먹이는 일이 임금이 해야 할 가장 중요한 일이었다.
> - 세종은 《농사직설》을 편찬하였다.

알 수 있는 사실:

4. 다음은 어떤 음식을 소개하는 것인지 키워드 낱말을 보고 답해 보세요.

(   )

딤채	소금에 절이다	고추	젓갈	무	배추

5. 우리 조상들은 "먹는 것이 약", "밥이 곧 보약"이라고 생각했습니다. 다음 빈칸에 알맞은 음식의 이름을 보기에서 찾아 써 넣으세요.

<보기>
제호탕, 타락죽, 전약, 우황청심원, 녹두, 약식동원, 천초

음식	효능
	소의 담석인 우황과 인삼, 감초 등의 약재로 만든 환약. 놀라거나 열이 날 때 먹으면 안정이 된다.
	우유로 만든 죽. 임금이 몸살, 감기를 앓을 때 원기를 북돋기 위해 올리는 영양가 높은 음식
	대추, 생강, 정향, 후추, 계피와 같이 몸을 따뜻하게 하는 약재를 넣고 묵처럼 굳힌 음식.
	물에 타서 마시는 음료. 푸른 매실을 짚불 연기에 그슬려서 말린 오매, 백단향 등의 귀한 약재와 꿀로 만든다.

6. 다음 임금의 생일잔치에 올리는 음식에 관한 설명 중 바르지 <u>않은</u> 것을 찾아 번호를 쓰세요. (   )
① 궁중 잔치의 모습은 화려하지만, 절차는 매우 단순하였다.
② 잔치 음식은 사옹원에서 맡았는데, 사옹원에서 일하는 사람은 모두 남자였다.
③ 임금에게 올리는 술은 용을 새긴 병에 담고, 왕족의 술병에는 세발까마귀와 옥토끼를 새겼다.
④ 임금의 일상 음식이 검소한 것과는 달리, 궁중 잔치 음식은 왕실의 품격에 어울리게 다양하고 화려했다.
⑤ 세자에게 올린 음식은 갖가지 시루떡을 켜켜이 올리고 맨 위에 두텁떡을 둥글게 괴어 탑처럼 쌓았다.

깊게 생각해 봐요

1. 이 책 30쪽에는 홍길동전의 작가 허균이 『도문대작』이라는 음식 책에 적은 팔도강산 곳곳에서 찾은 맛난 음식을 나타낸 지도가 그려져 있습니다. 여러분도 맛있게 먹은 음식을 생각해 보고 여러분만의 맛 지도를 만들어 보세요.

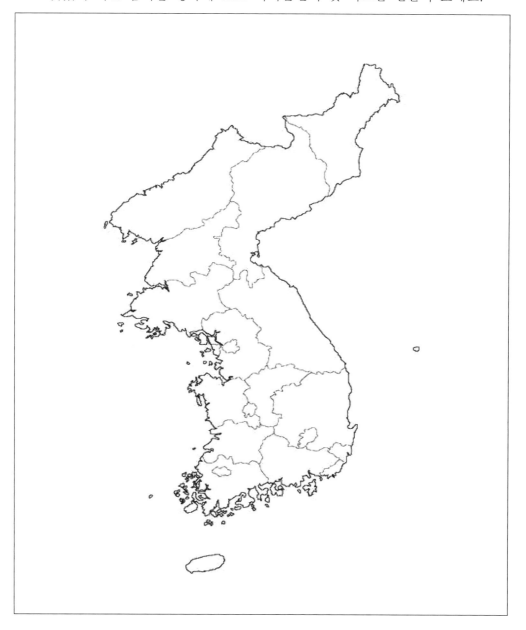

2. 『무한도전』이라는 방송 프로그램에서 '우리 음식의 세계화'라는 주제로 미국에서 광고한 포스터를 기억하시나요? 외국 사람들이 좋아할 만한 음식으로 비빔밥을 정하고, 이것을 한식 광고에 사용했어요. 여러분이 생각하기에 우리나라를 대표하는 음식은 무엇이 있을까요? 여러분만의 광고 포스터를 만들고 외국 사람들에게 한식을 자랑해 봅시다.

<한식 광고 포스터 그리기>

그림

설명 쓰기
(영어로 적어 보세요.)

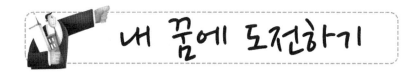

요리사가 되려면?

❖ 요리사에 대하여 알아보기 위해 『짜장면 더 주세요!』, 『열두달 토끼밥상』, 『밥상을 차리다』 세 권의 책을 읽었습니다. 요리사 꿈에 도전하기 위해 내가 지금 할 수 있는 것에는 어떤 것들이 있는지 적어 보세요. 일주일 동안 실천해 보고, 생각하거나 느낀 점을 바탕으로 '내 꿈에 대한 도전'이라는 주제로 포스터를 그려 보세요.

(실천한 항목엔 ∨표시해 보세요.)

집에서		학교에서	
• 엄마 요리하실 때 도와 드리기	☐	• 요리와 관련된 책 읽기	☐
•	☐	• 실과 시간 요리 실습 열심히 참여하기	☐
•	☐	•	☐
•	☐	•	☐
•	☐	•	☐
•	☐	•	☐

쉬어가는 코너　　나를 찾아봐요

❖ 나를 소개합니다

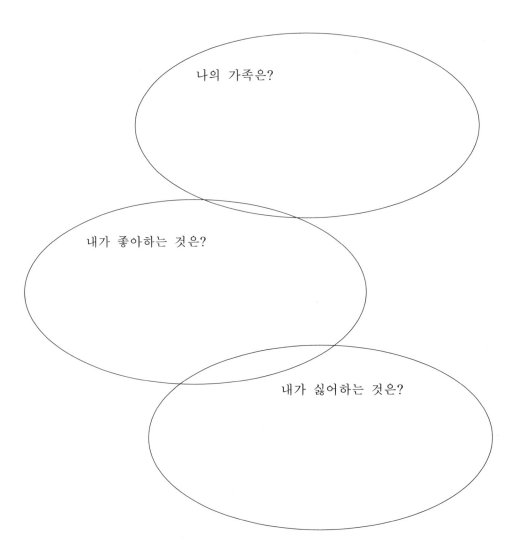

나의 가족은?

내가 좋아하는 것은?

내가 싫어하는 것은?

의사/간호사

GO GO 꿈 속으로

❖ 의사가 된 나의 하루는?

　나는 우리나라에서 손꼽히는 의사로 하루 종일 정말 바쁘다. 많은 환자들을 진료하고, 수술도 한다. 나의 하루를 그림으로 나타낸다면…….

세상을 고친 의사들		
도서정보	고영하/ 푸른나무/ 2009년/ 157쪽/ 8,800원	
교과정보	「국어」	
진로정보	전문가/ 보건·사회복지 및 종교 관련직/ 의료진료 전문가/ 일반의사	

어떤 책일까

　세상을 향해 참된 사랑을 실천한 의사들의 특별한 이야기 『세상을 고친 의사들』은 병원 밖 거친 세상으로 뛰어든 7인의 의사 이야기이다.

　붉은 대륙의 희망이 된 백인 의사 노먼 베쑨, 가난한 환자들 곁에 선 참의사 장기려, 세기를 초월하여 인류에 실천의 모범이 된 슈바이처, 흑인 해방의 불을 지핀 검은 의사 프란츠 파농, 혁명의 청진기로 민중의 맥박을 들은 체 게바라, 붓으로 중국을 치료한 문예 의사 루쉰, 의사가 가장 필요한 곳을 소개한 국경 없는 의사회를 소개하고 있다.

　이 책은 어린이들에게 의사로서의 역할을 폭넓게 생각할 수 있게 해 주고, 재능 나눔 의 중요성을 깨닫게 해 준다.

무엇을 더 볼까 (진로 탐색)
관련매체: 국경없는 의사회 누리집 (http://www.msf.or.kr/)
관련도서: 『어린이 의사되기 프로젝트』 / 윤지선 / 명진출판사

무엇을 이야기해 볼까 (진로 토론)
1. 진정한 의사는 돈이 없는 사람들에게 무료로 진료를 해야 한다.
2. 후진국의 국민이 적당한 치료를 못 받아 죽어가는 것은 그 나라 책임이므로 다른 나라 사람들은 책임이 없다.

무엇을 해 볼까 (진로 활동)
1. 의사가 되어 환자를 진료하는 자신의 모습을 상상하여 써 보자.
2. 큰 수술을 받아야 하는 환자가 돈이 없다면 의사로서 어떻게 할 것인지 써 보자.

얼마나 가까울까 (진로 척도)

1. 의사가 되고 싶어요.	1	2	3	4	5
2. 의사가 하는 일을 알 수 있어요.	1	2	3	4	5

준비됐나요?

❖ 다음 신문 기사를 읽어 보세요.

　초등학생의 장래희망 순위는 연예인 891명, 운동선수 415명, 교사 325명, 의사/간호사 280명, 판사/변호사 211명, 공무원 211명 순이었다.

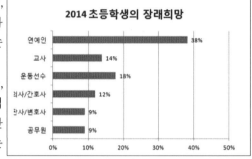

　2013년 자료와 함께 봤을 때 운동선수, 교사, 연예인, 의사 등의 직업이 대표적 장래희망인 것을 알 수 있고 교사를 제외한 나머지 직업은 고수익 전문직을 선호하는 경향이 반영된 것임을 확인할 수 있다.

　-미디어 다음, 뉴스 와이어 기사(2014.3.27.)

의사가 되고 싶나요? 의사가 되고 싶은 까닭은 무엇인가요?

　어른들은 의사가 되면 많은 돈과 명예를 얻을 수 있기 때문에 자식들이 의사가 되기를 희망하기도 합니다. 만약, 의사가 지금처럼 돈을 벌지 못하더라도, 생명의 위협을 받는 상황에서 치료가 필요한 사람들을 위해 생명을 구할 수 있다면 그래도 의사가 되고 싶은가요? 내가 왜 의사가 되고 싶은지 마인드맵해 보세요.

책 속에 있어요

❖ 다음은 『세상을 고친 의사들』에 소개된 의사들의 업적을 요약해 놓은 글입니다.
책을 읽고 해당되는 의사 이름을 <보기> 에서 찾아보세요.

<보 기> 노먼 베쑨, 장기려, 슈바이처, 프란츠 파농, 체 게바라, 루쉰, 국경없는 의사회

1. 이 사람은 아프리카 흑인들을 위해 평생의 염원이었던 목사의 길을 포기하
고 서른 살에 의학 공부를 시작하였습니다. 아프리카 흑인들의 생명을 위해
평생을 노력하여 노벨 평화상을 수상한 이 사람은 누구일까요?

2. 이 사람은 의사로서의 편안한 삶을 포기하고 고통 받는 라틴 아메리카 민중
을 해방시키기 위해 혁명을 일으켰습니다. 이 사람은 누구일까요?

3. 스페인 내전, 중일 전쟁 등 치열한 전쟁의 상황에서도 자신의 목숨을 걸고 부상
병을 치료한 캐나다 의사는 누구일까요?

4. 우리나라에 건강보험제도를 정착시키고 1979년 아시아의 노벨상인 막사이사이
상을 수상한 사람은 누구일까요?

5. 이 사람은 흑인정신을 알리고 인종차별을 없애고자 평생을 노력하였습니다. 기존의 정신병원 치료와 달리 인간적인 정신 치료를 강조한 이 사람은 누구일까요?

6. 사람의 몸을 치료하는 의사를 포기하고 붓을 통해 중국 민중들의 낡은 사고방식 치료하기 위해 글을 쓴 사람은 누구일까요?

7. 그 어떤 정치나 종교의 방해도 받지 않는 원조기구의 필요성을 느낀 베르나르쿠시네가 창설한 세계 최대의 비군사, 비정부간 긴급의료 구호단체는 무엇일까요?

8. 만약 내가 의사가 된다고 생각해 보세요.

   (1) 롤 모델로 삼고 싶은 의사는 누구인가요?

   (2) 그 까닭은 무엇인가요?

깊게 생각해 봐요

❖ 『세상을 고친 의사들』에는 여러 선택 상황에서 최선의 방법을 고민하는 의사들의 이야기가 나옵니다. 다음 두 의사의 이야기 중에서 하나를 선택하여 과연 그 사람의 선택이 옳은 것인가에 대하여 생각해 봅시다.

= 노먼 베쑨 =

중일 전쟁이 한창이던 때, 노먼 베쑨이 부상병을 치료하던 천막으로 일본군이 물밀 듯이 쏟아져 내려오고 있었다. 중국 의료진들은 하나같이 베쑨에게 몸을 피할 것을 주장했으나, 그는 한 쪽 다리가 짓이겨진 소년병의 다리를 수술했다. 기관총 소리가 수술실 근처에서 울려 퍼졌으나, 베쑨은 아랑곳하지 않고 소년의 수술을 마쳤다. 비록 전쟁 상황에서 목숨은 건졌으나, 열악한 환경에서 수술을 하던 그는 손을 베고 이 상처로 인한 염증으로 생을 마감한다. 긴박한 상황에서 몸을 피하여 목숨을 구하였다면, 더 많은 생명을 살릴 수도 있었으나 그는 장애 없는 한 소년병의 인생을 선택한다. 그의 선택에 대한 나의 생각은?

= 체 게바라 =

혁명군이 된 체 게바라가 독재자 바티스타 군의 공격을 받았을 때, 그의 곁에 있던 대원들은 탄약 상자와 의약품 상자를 버리고 도망치기에 바빴다. '군인으로서 탄약을 가져갈 것인가? 의사로서 의약품을 가져갈 것인가?' 한꺼번에 두 상자를 옮기는 것은 불가능했던 그는 탄약상자를 선택한다. 의사로서 수술용 칼을 들고 병을 치료하는 것도 중요하지만, 그에게는 사회의 병든 곳을 치료하는 일이 더 급했다. 그래서 그는 총을 든 의사의 길을 택하고 민중들의 싸움터로 당당히 걸어 들어갔다. 그의 선택에 대한 나의 생각은?

1. 두 의사 중 관심 있는 의사는 누구인가요?

2. 그 의사의 선택은

라고 생각한다.

3. 그렇게 생각하는 까닭은 무엇인가요?

4. 정리한 내용을 바탕으로 친구들과 이야기를 나눠 본 후, 나와 다른 생각을 가진 친구의 생각을 적어 보세요.

	엄마, 미안	
도서정보	노경희/ 동아일보사/ 2012년/ 200쪽/ 9,800원	
교과정보	「국어」	
진로정보	간호사	

어떤 책일까

　『엄마, 미안』은 MBC '휴먼다큐 사랑'에 방영되어 감동을 안겨준 <엄마, 미안>에 상상력을 보태 쓴 장편동화이다. 생후 6개월 무렵 찾아온 구토와 고열에 감기인 줄로만 알고 입원한 병원에서 네 살이 되도록 병명조차 알지 못하는 병마와 싸우며 10여 번의 수술을 감당해야 한 네 살짜리 소녀 '서연이'를 만날 수 있다. 소아과 병동에 입원한 친구들은 네 살 서연이의 병이 낫기를 바라는 마음에서 방송국 홈페이지에 서연이의 사연을 올린다. 큰 주사를 맞으면서도 아픈 내색을 않고 밥도 먹지 못하면서도 엄마의 식사를 걱정하는 속 깊은 서연이와 여러 사연을 지닌 소아 병동 여러 친구들의 사연 속에서 희망과 행복에 대해 다시 생각해 볼 수 있는 책이다. 아울러 친구들의 병을 낫게 하기 위해 노력하는 간호사들의 모습 또한 생생하게 보여 주고 있다.

무엇을 더 볼까 (진로 탐색)
관련매체: 휴먼다큐 사랑 <엄마, 미안>(2011)
　　　　　www.imbc.com/broad/tv/culture/spdocu/love/
관련도서: 『해나의 기적』 / 이영미 / 아우름

무엇을 이야기해 볼까 (진로 토론)
 1. 사망한 사람의 아이디를 사용하는 것은 나쁜 행동이다.
 2. 아픈 가족을 위해 나머지 가족이 희생하는 것은 당연한 일이다.

무엇을 해 볼까 (진로 활동)
 1. 종합병원 간호사가 하는 일에 대하여 알아보자.
 2. 행복의 제일 조건은 건강임을 생각해 보자.

얼마나 가까울까 (진로 척도)

1. 사람의 인체나 질병에 대하여 관심이 많아요.	1	2	3	4	5
2. 작은 곤충이라도 절대 해쳐서는 안돼요.	1	2	3	4	5

준비됐나요?

❖   인터넷에서 '엄마, 미안'의 주인공 서연이의 사진을 찾아보세요. 4살 서연이는 원인도 모르는 병에 걸려 3년째 병마와 싸우고 있습니다. 서연이의 언니, 오빠는 서연이의 병간호 때문에 엄마를 자주 볼 수 없습니다.

　서연이의 사진을 보면서 어른들이 '건강이 제일이다.'라고 말씀하시는 까닭은 무엇일까요? 지금 나에게 가장 소중한 것이 무엇인지 친구들과 이야기 나누어 봅시다.

책 속에 있어요

1. 서연이는 자신을 돌봐 주는 간호사 이모들에게 아참 이모, 네네 이모, 대장 이모 등 별명을 붙여 주었습니다. 어린이 병동에서 일하는 간호사 중 한 명을 골라 성격에 맞도록 그림을 그려 봅시다. 왜 그러한 모습으로 그렸는지 까닭을 적어 봅시다.

2. 다음은 『엄마, 미안』에 나오는 간호사들의 모습을 발췌해 놓은 것입니다. 각각을 다시 읽어 보고, 알맞은 간호사의 역할을 줄로 이어 봅시다.

먼동이 터 올 무렵이면 어김없이 네네 이모 혹은 아침 이모가 병실 문을 열고 들어왔다. 밤사이 주사약이 제대로 들어가고 있었는지, 갑자기 열이 오르지는 않았는지, 혈압을 재고 맥박 수를 세고 체온을 재고, 간호사 이모들은 아이들 한 명 한 명을 살펴보고 상태를 확인했다.	환자에게 의사의 의견을, 의사에게 환자의 의견을 전달해 주는 의사소통 창구의 역할
완치파티는 어린이 병동에서 열리는 연중행사 중에서 가장 크고 가장 신나는 행사이다. 의사 선생님과 간호사 이모들도 축하 공연을 하기 위해 팀을 짜서 연습을 했다.	환자의 건강 상태 체크 및 환자 간호하기
대장 이모 수간호사 선생님이 퇴원 준비를 하는 종우를 보러왔다. "네, 어서 오세요. 그동안 신경 써 주셔서 너무 감사했어요." 두 사람을 반기며 인사하는 종우 엄마의 손을 대장 이모가 꼭 잡았다.	환자의 입·퇴원 수속
"서연이 어머니, 저번에 퇴원 신청하신 거요, OK 사인이 떨어졌어요. 혈액 검사 결과가 괜찮대요. 빨리 주치의 선생님한테 가 보세요."	보호자에게 환자의 상태를 설명해 주고 설득하기
서연이를 안고 놓지 못하는 엄마를 대장 이모가 설득했다. "우리를 믿어요. 잘 돌볼게. 뭐가 최선인지 서연이 엄마가 더 잘 알잖아요. 한두 번 겪은 일 아닌데. 응?"	환자에게 정서적 즐거움 주기

깊게 생각해 봐요

❖ 나이팅게일의 숭고한 정신을 본받기 위해 간호사가 되려는 모든 사람은 나이
  팅게일 선서를 합니다. 나이팅게일 선서문을 큰 소리로 낭독해 봅시다. 그리고
  선서문에 담긴 간호사의 마음가짐에 대하여 친구들과 이야기를 나누어 봅시다.

> ### 나이팅게일 선서문
>
> 나는 일생을 의롭게 살며 전문 간호직에 최선을 다할 것을
> 하느님과 여러분 앞에 선서합니다.
>
> 나는 인간의 생명에 해로운 일은 어떤 상황에서나
> 절대 하지 않겠습니다.
>
> 나는 간호 수준을 높이기 위하여 전력을 다하겠으며
> 간호하면서 알게 된 개인이나 가족의 사정은 비밀로 하겠습니다.
>
> 나는 성심으로 보건의료인과 협조하겠으며
> 나의 간호를 받는 사람들의 안녕을 위하여 헌신하겠습니다.

1. 나이팅게일 선서문에는 어떠한 의미가 담겨 있을까요? 아래의 <보기>에서
  골라 봅시다.

< 보기 >

성실, 정직, 생명 존중, 절제, 비밀 엄수, 자율,

희생, 효도, 봉사, 준법정신, 절약, 예절, 애국심

2. 나이팅게일 선서식을 할 때에는 촛불을 들고 선서문을 낭독합니다.

(1) 그 까닭을 촛불의 성질과 간호사가 지녀야 할 마음가짐과 연결 지어 생각해
보세요.

(2) 먼 훗날 간호사가 되어 촛불을 들고 나이팅게일 선서문을 낭독하는 나의 모습을
상상하여 그려 보세요.

3. 721호 병동에 입원한 어린이들은 힘겨운 병마와 싸우느라 학교도 제대로 다니지 못하고, 가족과도 떨어져 살고 있습니다. 우리가 항상 별 어려움 없이 하는 밥 먹기, 운동하기, 학교가기 등은 이 친구들에게는 너무나 어려운 일들입니다.

우리는 일상의 작은 일들에 대해 감사할 줄 모르고 부모님이나 가족 그리고 친구에게 불평·불만을 늘어놓지는 않았나요? 721호 병동 친구들의 이야기를 읽으면서 부끄럽지는 않았나요? 아픈 친구들에게 응원의 메시지를 보내 봅시다.

왕따 슈가 울던 날		
도서정보	후쿠 아키코/ 아름다운사람들/ 2013년/ 104쪽/ 11,000원	
교과정보	「도덕」	
진로정보	간호사	

어떤 책일까

　벚꽃 병원의 마미씨로 통하는 간호사를 엄마로 둔 슈는 학교에서 왕따를 당한다. 슈는 우연히 엄마의 병원에 들러 꼬맹이 할머니를 만나게 된다. 꼬맹이 할머니는 슈에게 항상 존댓말을 사용하며 슈의 이야기를 조용히 들어 주신다. 그러던 어느 날 꼬맹이 할머니의 생명이 위독해지자 슈는 엄마 몰래 벚꽃 병원에 간다. 병원 옥상에서 힘들어하는 꼬맹이 할머니의 모습을 지켜본 슈는 꼬맹이 할머니가 그동안 겪은 고통에 비하면 자신이 겪는 왕따 문제는 아무 것도 아니라는 것을 깨닫게 된다. 슈와 꼬맹이 할머니가 서로를 위로하며 자신의 상처를 조금씩 치유해 나가는 과정을 그린 이 책은 생명 존중과 왕따 문제, 나아가 엄마와 간호사로서 역할 갈등까지 생각하게 한다.

무엇을 더 볼까 (진로 탐색)
　관련도서: 『수민이의 왕따 탈출기』 / 문선이 / 푸른책들

무엇을 이야기해 볼까 (진로 토론)
　1. 엄마의 역할과 간호사로서의 역할이 충돌할 때 간호사로서의 역할을 우선시해야 한다.
　2. 병으로 인해 고통을 받는 환자를 위해 안락사를 허용해야 한다.

무엇을 해 볼까 (진로 활동)
　1. 직업인으로서 간호사가 겪는 어려움에 대하여 생각해 보자.
　2. 간호사, 엄마로서 마미씨에게 하고 싶은 질문을 적고 인터뷰 활동을 해 보자.

얼마나 가까울까 (진로 척도)

	1	2	3	4	5
1. 나는 다른 사람의 이야기를 잘 들어준다.	1	2	3	4	5
2. 나는 할 일을 스스로 알아서 잘 하는 편이다.	1	2	3	4	5

준비됐나요?

1. 우리 엄마가 간호사라면 어떨까요? 아래 글을 보고, 엄마가 간호사일 경우 좋은 점과 나쁜 점에 대하여 이야기하여 봅시다.

영희 : 영호야, 너희 엄마 간호사라며? 엄마가 간호사면 아플 때 병원에 가지 않아도 되고 좋겠다.

영호 : 아니야. 우리 엄마는 3교대로 일하셔서 항상 바쁘셔. 얼굴 보기도 힘든걸.

<좋은 점>

<나쁜 점>

2. 왕따를 당하거나, 왕따를 당한 친구를 본 적이 있나요? 슈는 학교에서 왕따를 당하고 있습니다. 슈가 친구들 사이에서 왕따를 당하는 까닭은 무엇일까요? 만약 내가 학교에서 왕따를 당한다면 기분이 어떠할지 적어 봅시다.

슈가 왕따를 당하는 까닭	내가 만일 왕따라면?

책 속에 있어요

1. 슈의 엄마가 '벚꽃 병원의 마미씨'라는 별명을 갖게 된 까닭은 무엇인가요?

2. 105호실의 방 앞에 '꼬맹이 할머니의 방'이라는 팻말이 걸린 까닭은 무엇인가요?

3. 슈는 다음 물건들을 현관에 늘어놓았습니다. 슈가 늘어놓은 물건들은 무엇을 의미하나요?

> 똑똑 동강 난 연필.
> 잘게 썰어 놓은 지우개.
> 둘로 꺾인 책받침.
> 표지에 크게 X표를 그려 놓은 교과서.
> '마미씨 아들'이라고 매직으로 마구 갈겨쓴 체육복

↓

4. 꼬맹이 할머니가 돌아가시고 난 후, 슈는 할머니께 마지막 인사를 전하러 병원 옥상으로 올라갑니다. 하늘에서 슈의 마지막 인사를 들은 꼬맹이 할머니는 슈에게 어떤 말을 해 줄까요?

깊게 생각해 봐요

1. 다음은 3일 동안 마미씨가 쓴 일기 일기입니다. 내가 만약 마미씨의 친구라면 마미씨에게 어떤 위로의 말을 해 줄 수 있을지 적어 봅시다.

9월 16일	9월 17일	9월 18일
오늘 슈가 학교에 가기 싫다며 책가방에서 이상한 학용품들을 늘어놓았다. 그 동안 슈에게 무슨 고민이 있었던 것은 짐작하고 있었지만 왕따 때문에 이렇게 힘들어 하고 있었다니……. 엄마로서 슈의 마음을 헤아리지 못한 것이 참 마음 아프다. 오늘 하루는 병원을 쉬고 슈와 함께 보냈지만, 내일부터 또 병원에 나가야 할 텐데 걱정이다.	어제 슈의 문제로 하루 병원을 비웠을 뿐인데 꼬맹이 할머니의 상태가 너무 심각해졌다. 할머니의 몸 상태가 안 좋아져서 면회도 사절되고 이런 저런 조치도 취해야 하는데 슈가 병원에 따라와 소란이다. 할머니의 치료가 시급한 이때 저렇게 떼를 쓰는 슈를 보니 너무 힘들다. 오늘은 꼬맹이 할머니가 걱정되어 야간 근무까지 해야 할 것 같다.	어제 상태가 나빠진 꼬맹이 할머니가 중대한 결심을 하셨다. 할머니의 통증이 심한 것은 알고 있지만 삶을 포기하려고까지 하시다니. 간호사로서 할머니의 생명을 구해야 하지만, 할머니의 고통이 얼마나 큰지 알기에 차마 할머니를 말릴 수가 없었다. 꼬맹이 할머니처럼 생사의 기로에 놓인 환자들을 대할 때면 간호사로서 나의 한계에 부딪힌다.
↓	↓	↓

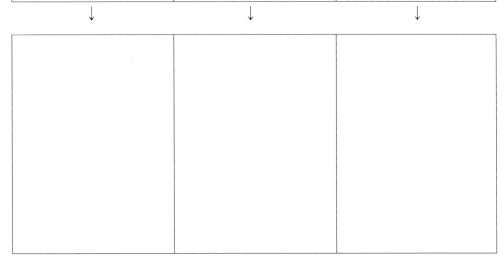

2. 간호사는 환자의 생명을 구하고, 환자의 고통을 줄여줘야 하는 의무가 있습니다. 그런데도 꼬맹이 할머니가 병의 고통 때문에 자살을 결심했을 때, 마미씨는 할머니의 결정을 존중해 주고 할머니의 마지막을 지켜 주려고 하였습니다.
   통증 때문에 자살하려는 꼬맹이 할머니의 결정을 따른 마미씨의 행동에 대하여 어떻게 생각하나요? 내 생각과 그렇게 생각한 까닭을 정리하여 보세요.

마미씨의 행동이 옳다.	꼬맹이 할머니의 자살을 막았어야 한다.
환자의 죽음에 대한 간호사의 마음	

3. '마미씨'를 교실로 초대하여 인터뷰를 하려고 합니다. 간호사인 마미씨, 왕따를 당한 아이의 엄마인 마미씨에게 하고 싶은 질문을 적어 보세요.

질문 1
질문 2
질문 3
질문 4
질문 5

4. 위에서 정리한 내용을 바탕으로 가상으로 인터뷰 활동을 해 보고, 생각한 점이나 느낀 점을 써 보세요.

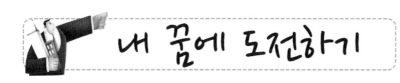

내 꿈에 도전하기

의사·간호사가 되려면

❖ 의사나 간호사의 꿈을 가진 친구가 평소에 실천하면 꿈을 이루는 데 도움이
될 만한 일들을 정리하여 보세요.

집에서	학교에서
• 봉사할 수 있는 일이 무엇인지 찾아 보기	• 인체와 관련된 책 읽기
•	• 친구들 배려하기
•	•
•	•
•	•
•	•

❖ 정리한 내용을 매일 실천하면 좋은 점은 무엇인가요?

쉬어가는 코너 나를 찾아봐요

❖ 나를 탐색해 보아요.

다음 글을 읽고 문장을 완성하여 보세요.

1. 내가 좋아하는 사람은 _____이다.

2. 1번의 까닭은 _____기 때문이다.

3. 나를 가장 사랑하는 사람은 _____이다.

4. 3번에서의 영향은 _____에 관한 것이다.

5. 내가 가장 존경하는 사람은 _____이다.

6. 5번의 까닭은 _____이다.

7. 내 외모 중 가장 자신 있는 부분은 _____다.

8. 나의 취미는 _____이다.

9. 나의 특기는 _____이다.

10. 내가 가장 자신 있게 할 수 있는 일은 _____이다.

11. 내가 가장 신날 때는 _____이다.

12. 내 좌우명은 _____다.

13. 가장 감명 깊게 읽은 책은 _____이다.

14. 13번의 까닭은 _____ 이다.

15. 내가 _____때 내가 가장 자랑스럽다.

16. 나를 가장 좋아하는 사람은 _____이다.

17. 태어나서 지금까지 내가 가장 잘한 일은 _____이다.

제3장
선생님

GO GO 꿈 속으로

내가 만약 선생님이 된다면

　지금부터 15년 후, 나는 아이들을 사랑하고 부모님께 존경받는 선생님이 되었어요. 아직은 많이 부족하지만 끊임없이 더 잘 가르치기 위해 노력하고 있고, 어떻게 하면 아이들을 더욱더 잘 이해할까 고민하면서 저녁에는 대학원에서도 공부하고 있답니다.

　15년 후 오늘은 3월 2일 새로운 아이들을 만나는 날입니다. 새로운 아이들에게 첫날 인사할 말을 써 보세요.

❖ 하루하루가 정신이 없어요. 아침에 할 일, 점심에 할 일, 방과 후에 할 일이 쏟아집니다. '아! 아이들을 가르치는 것만 하는 것이 아니구나.' 라는 생각이 불쑥 들지요. 계속되는 회의, 학교 안전 계획서도 제출해야 하고, 아이들의 다툼 때문에 부모님과 상담도 해야 해요. 아! 급하게 움직이느라 아이들 청소 검사가 늦어지고 있어요. 현장 학습을 간다고 하니 미리 장소도 섭외해야 하고, 참 안내장도 만들어서 보내야겠네요.

선생님의 하루를 4컷 만화로 표현해 보세요.

	난 원래 공부 못해
도서정보	은이정/ 창비/ 2008년/ 183쪽/ 8,500원
교과정보	「국어」
진로정보	전문가/ 교육전문가 및 관련직 학교 교사/ 초등학교 교사

어떤 책일까

　이 책은 공부란 과연 어떤 것인지 생각하게 하는 책이다. 작은 시골학교의 새 학년 첫날, 4학년 진경이가 교실에 들어서자 초임 선생님이 맞이한다. 시골학교에 온 초보 여교사와 아이들의 갈등을 그린 책으로 공부를 당당하게 못하는 천진남 찬이와 심하게 잘하는 똑똑녀 진경이. 이 두 개성 넘치는 아이와 선생님이 펼치는 흥미진진한 이야기이다.

　공부할 노력을 전혀 안 하는 찬이와 찬이의 삶에 대해 전혀 모르는 선생님을 모두 못마땅하게 지켜보는 진경이의 특이한 어투가 아이들이 이 책의 읽기에 재미를 더하면서, 읽는 이가 '공부'에 대해 지니고 있던 고정관념에 대해 생각해 보고, 그 고정관념을 깰 수 있는 계기를 마련해 주는 책이다.

무엇을 더 볼까 (진로 탐색)
　관련도서 : 『공부는 왜 해야 하노』 / 이호철 / 산하어린이
　　　　　　　『꿈꾸는 공부방』 / 고정욱 / 샘터사

무엇을 이야기해 볼까 (진로 토론)
　1. 학생은 공부를 반드시 잘해야 한다.
　2. 찬이에게 구구단과 알파벳은 꼭 필요한 것이다.

무엇을 해 볼까 (진로 활동)
　1. '난 원래 공부 못해!'라고 생각하는 찬이에게 편지를 써 보자.
　2. 내가 생각하는 '공부'란 무엇인지 써 보자.
　3. 남의 숙제를 베끼는 것은 왜 옳지 않은지 자신의 생각을 글로 써 보자.

얼마나 가까울까 (진로 척도)

1. 이 일을 해 보고 싶어요.	1	2	3	4	5
2. 이 일을 잘할 수 있어요.	1	2	3	4	5

준비됐나요?

1. 선생님과 교실에 단 둘이 있으면 어떤 기분이 드나요? 경험이 없다면 단 둘이 있게 되면 어떤 기분일지 상상해 보세요. 그리고 선생님과 둘이 있을 때 하고 싶은 이야기나 물어보고 싶은 이야기들을 뇌 주머니에 써 보세요.

2. 교과 과목 중에서 내가 좋아하는 과목은 무엇인가요? 두 과목을 골라 적고 좋아하는 까닭을 써 보세요.

좋아하는 과목

좋아하는 이유

좋아하는 과목

좋아하는 이유

3. 새로운 학년이 시작되면, 마음이 어떤가요? 설레기도 하고, 두렵기도 하겠지요? 그때의 마음의 색깔은 무엇인가요? 그리고 3월 새 학년이 시작될 때 꼭 실천하고 싶은 다짐을 써 보세요.

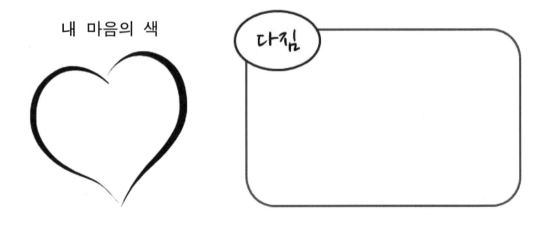

내 마음의 색

다짐

책 속에 있어요

1. 진경이네 담임선생님은 처음에는 아이들이 좋아할 만한 학급 행사를 많이 했어요. 그래서 아이들이 매우 좋아했지만 나중에는 공부를 너무 많이 시키는 바람에 아이들도 모두 지쳐 버렸답니다. 선생님이 아이들과 했던 활동들을 찾아 빈 칸에 적어 보세요.

2. 개학 첫날에 '멋진 연희 쌤'이라고 불리고 싶은 선생님께 아이들은 굉장히 좋은 반응을 보였습니다. 하지만 '오오오 대작전'이 시작되면서 아이들과 공부 전쟁이 시작되었지요. 그런데 선생님은 찬이네 집에 와서는 전혀 다른 작전을 말해 주어 아이들이 다시 환호하게 되었습니다. '오오오 대작전' 내용은 어떻게 변했는지 내용을 써 보세요.

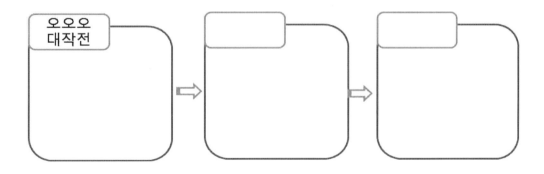

깊게 생각해 봐요

1. 찬이는 "난 원래 공부를 못해."라고 말합니다. 그런 찬이에게 선생님은 노력을 하면 똑똑해질 수 있으니 용기를 내라고 하지요. 찬이는 반드시 똑똑해져야 합니다. 그 까닭은 무엇인가요?

노력하면 똑똑해질 수 있으니 용기를 내.

난, 원래 공부를 못해

찬이는 꼭 똑똑해져야 한다. 왜냐하면

2. 찬이가 선생님께 계속 불려나가고 숙제를 할 능력이 되지 않아요. 진경이는 찬이에게 숙제를 베낄 수 있게 도와주기도 하고, 계산기를 빌려주기도 합니다. 찬이가 진경이의 숙제를 베끼는 것에 대하여 어떻게 생각하나요? 내 생각을 글로 써 보세요.

> 찬이가 진경이의 숙제를 베끼는 것은, 옳지 않다.(　　) 옳다(　　)
>
> 왜냐하면, ＿＿＿＿＿＿＿＿＿＿＿＿＿＿＿＿＿＿＿＿＿＿＿＿＿＿＿
>
> ＿＿＿＿＿＿＿＿＿＿＿＿＿＿＿＿＿＿＿＿＿＿＿＿＿＿＿＿＿＿＿
>
> ＿＿＿＿＿＿＿＿＿＿＿＿＿＿＿＿＿＿＿＿＿＿＿＿＿＿＿＿＿

3. 다음은 이 책의 내용 중 일부입니다. 잘 읽고 물음에 답하세요.

(가) 똑같은 티셔츠를 입는다고 단합이 될까? 단합을 하면 뭐가 좋다는 거야? 무엇을 위한 단합이야? 우르르 몰려다니는 병아리 떼 같겠군. 아무 생각 없이 되는 대로 이리저리 몰려다니면서 삐악거리는 병아리. 담임은 열여덟 마리 병아리를 끌고 다니는 어미닭이 되고 싶은 거야. 우리가 똑같은 모습을 하고 똑같은 소리를 내는 병아리로만 보이는 거겠지. <u>적어도 나는 너인지 나인지 구별 안 가는 병아리가 되지는 않을 거야.</u> 정말 짜증 나!

(나) "영어 단어를 많이 외워 두면 앞으로 여러분이 중학교 고등학교를 가서, 또 어른이 돼서 많은 일들을 잘할 수 있어요."

(다) 한참 말이 없던 담임이 반쯤 생각에 잠겨 중얼거렸다.

"농장에서는 나보다 찬이가 더 어른이구나. 힘든 일인데 전혀 힘들어 보이지 않아."

"……"

"찬이한테 알파벳하고 구구단이 얼마나 중요할까?"

(1) 글 (가)에서 밑줄 그은 말이 의미하는 것은 무엇인가요?

(2) 글 (나)에 대하여 어떻게 생각하나요? 내 생각과 까닭을 써 보세요.

(3) 글 (가)에서 나타난 '진경'이가 말하는 담임선생님의 생각과 글 (다)의 선생님의 생각을 비교해 보세요. 선생님은 앞으로 어떻게 변하면 좋을지 내 입장에서 정리하여 보세요.

(4) 결국 선생님은 정말 아이들을 이해하는 선생님이 되었습니다. 반 아이들 각각의
( )을 존중해 주고 있는 그대로 받아들이는 거죠.

(5) 자신의 실수를 받아들이는 건 어른도 어렵답니다. 그렇기 때문에 자신의 잘못
을 인정하는 것은 아주 멋진 일이지요. 내 잘못을 인정한 경험이나 실수를 통해
바르게 바뀌어 간 경험을 떠올려 보세요.

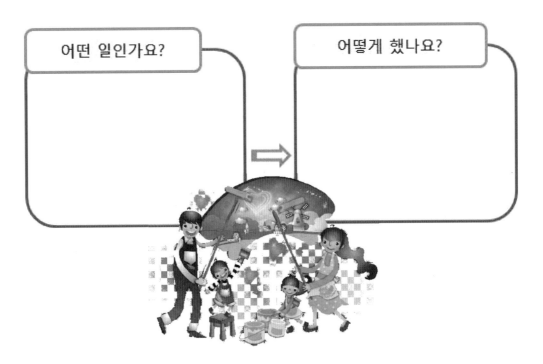

어떤 일인가요?

어떻게 했나요?

안녕하세요, 벨 박사님		
도서정보	주디스 조지(서계순 역)/ 비룡소/ 2012년/ 136쪽/ 10,000원	
교과정보	「국어」	
진로정보	전문가/ 교육전문가 및 관련직/ 대학교수 및 강사/ 대학교수	

어떤 책일까

우리는 각자 소중한 어린 시절을 가지고 있다. 그리고 우리의 인생에서 소중한 사람들을 다양하게 만나게 된다. 이 책은 전화의 발명가로 잘 알려져 있는 그레이엄 벨과 헬렌 켈러의 알려지지 않은 우정 이야기이다. 헬렌 켈러가 청각·시각장애에 말까지 할 수 없는 극한의 장애 가운데서 용기를 잃지 않았던 것은 자신을 '세상을 더듬는 인간 괴물'로 여기지 않고 무엇이든 할 수 있는 인간으로 대우했던 벨의 격려 덕분이었다.

이 책 속에서 농아이며 맹인이었던 헬렌 켈러와 그를 도와주었던 벨 박사와 애니 설리번 선생님, 이 세 사람 사이의 우정과 헌신에 대해 알게 될 것이다. 또한, 이 책을 통하여 우리 주위의 장애인들과 장애인들에게 관심을 가지고 많은 사람들을 소중하고 따스하게 대하는 마음을 가지게 될 것이다.

무엇을 더 볼까 (진로 탐색)

관련매체 : 보건 복지부 (http://www.mw.go.kr/front/index.jsp)

관련도서 : 『장애를 넘어 인류애에 이른 헬렌 켈러』 / 권태선 / 창비

무엇을 이야기해 볼까 (진로 토론)

1. 좋은 선생님이란 최고가 되도록 돕는 선생님이다.
2. 장애인을 항상 배려하고 돕는 것은 좋은 일이다.
3. 매우 어려운 상황일지라도 시련과 고난을 극복하고 성공하는 것은 중요하다.

무엇을 해 볼까 (진로 활동)

1. 우리 주변의 어려운 장애인들을 도울 수 있는 방법에 대해 써 보자.
2. 내가 어려운 일을 당했을 때, 진심으로 도와준 사람은 누구였는지 생각해 보고, 그 사람에게 감사의 마음을 전하는 편지를 적어 보자.

얼마나 가까울까 (진로 척도)

	1	2	3	4	5
1. 이 일을 해 보고 싶어요.	1	2	3	4	5
2. 이 일을 잘할 수 있어요.	1	2	3	4	5

준비됐나요?

1. '헬렌 켈러'라는 이름을 보고 생각나는 낱말로 빈칸을 채운 후, 친구들과 빙고 게임을 해 보세요.

장애인		
	헬렌 켈러	
		설리번 선생님

2. 헬렌 켈러는 아기일 때 병으로 인하여 볼 수 없고 들을 수도 없으며, 말을 할 수도 없게 되었습니다. 그로 인하여 상상할 수 없을 정도로 많은 어려움을 겪게 되었습니다. 만약 내가 눈이 멀게 된다면 어떤 어려움이 있을지 상상하여 써 보세요.

책 속에 있어요

1. 알렉이 언어와 소리에 흥미를 갖고 된 계기가 무엇인가요?

```



```

2. 학생 시절 알렉의 성적은 평균 이상을 넘지 않았다고 합니다. 하지만 나중에 영국에서 언어와 음악 교사가 되었지요. 성적이 좋아야만 좋은 선생님이 될 수 있다고 알고 있나요? 다음의 격언과 관련해서 자신의 생각을 써 보세요.

> 독서는 다만 지식의 재료를 줄 뿐이다. 자기 것으로 만드는 것은 사색의 힘이다.   - 로크 -

```




```

3. 헬렌 켈러는 가지고 있는 장애를 뛰어 넘어 사회에 큰 이바지를 하는 어른이 되었습니다. 하지만 혼자의 힘으로는 할 수 없고 여러 사람이 함께 도와야만 훌륭한 일을 할 수 있습니다. 헬렌 켈러에게 다음 사람들은 어떤 도움을 주었는지 책에서 찾아 정리해 보세요.

헬렌 켈러의 아버지	설리반 선생님	벨 박사님

깊게 생각해 봐요

1. 다음은 신문 기사의 일부입니다. 기사를 읽고 다음 물음에 답해 보세요.

> [토요일에 만난 사람] 시각장애인에게 사진 가르치는 조세현 작가
>
> 조세현 작가가 한빛맹학교 중학교 3학년 여학생에게 석고상을 만져 보게 하고 있다. 시각장애인을 대상으로 한 사진 강습은 촉각과 청각을 적극적으로 활용하는 방식으로 진행됐다. 조 작가는 "사춘기의 청소년이라는 점을 고려해 여학생에게는 남성 석고상을, 남학생에게는 여성 석고상을 찍게 했다."며 웃었다. 조세현의 희망 프레임 제공 '단언컨대, 본다는 것은 가장 큰 축복입니다.' 지난해 히트했던 한 스마트폰의 광고 카피다. 이 광고를 만든 이는 시각장애와 청각장애를 극복하고 위대한 교육자이자 사회복지사업가가 된 헬렌 켈러의 저서 『3일만 볼 수 있다면(Three days to see)』에서 모티브를 얻었다고 했다. 헬렌 켈러가 보고 싶어 했던 것들은 다음과 같았다.
>
> (가)(   ) 얼굴, 산과 들의 아름다운 꽃과 빛나는 노을, 먼동이 트는 모습과 밤하늘에 빛나는 별, 아침 일찍 출근하는 사람들의 표정……. 만약 헬렌 켈러의 소원이 이뤄졌다면 그 다음에는 무엇을 했을까. 아마 자신의 눈으로 보고 싶었던 것을 사진으로 찍어 영원히 남기고 싶어 하지는 않았을까.
>
> [동아일보] 2014-07-19

(1) 글에서 헬렌 켈러가 보고 싶어 했던 것 중 가장 첫 번째로 말한 얼굴이 누구의 얼굴인가요? 그렇게 생각한 까닭은 무엇인가요?

(2) 헬렌 켈러는 우리 곁을 떠났지만 생전의 많은 활동들은 아직도 사람들의 선행의 동기가 되고 있습니다. 헬렌 켈러를 본받아 우리 주변의 어려운 장애인들을 도울 수 있는 방법에 대해 써 보세요.

2. 다음은 이 책의 내용 중 일부입니다. 잘 읽고 물음에 답하세요.

> 벨은 점점 늙어 갔지만, 연구를 포기하지 않았다. 그는 "항상 관찰하고, 자신이 관찰한 것을 기억하며, 끊임없이 '어떻게', '왜' 하고 질문을 던지는 사람은 늙지 않는다."고 믿었다. 그의 세 가지 규칙은 '관찰!, 기억!, 비교!'였다. 그는 죽기 8개월 전에 "나는 흥미를 느낀 문제들의 절반도 해내지 못했다."고 고백했다.

(1) 좋은 선생님이란 어떤 선생님인가요? 벨은 어떤 선생님이라고 생각하나요?

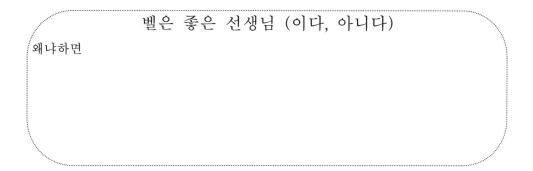

벨은 좋은 선생님 (이다, 아니다)

왜냐하면

(2) 벨은 죽기 직전까지 연구를 멈추지 않았고, 헬렌 켈러 또한 사회에서 발생하는 여러 문제를 피하지 않고 그 어려움들을 뛰어넘기 위해 노력했습니다. 어려운 상황일지라도 시련과 고난을 극복하면 성공할 수 있습니다. 지금 내가 하고자 하는 일에 걸림돌이 되는 것은 무엇인가요? 그 걸림돌을 없앨 수 있는 방법을 스스로에게 조언해 보세요.

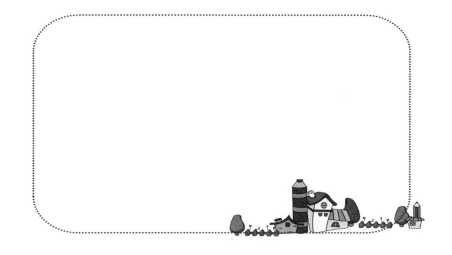

(3) 훌륭하게 성장한 헬렌 켈러도 설리번 선생님을 만나기 전에는 응석받이로 누구의 말도 듣지 않았습니다. 설리번 선생은 하루 종일 헬렌과 씨름하며 수화를 가르쳤고, 헬렌에게 맞아서 이가 부러지기도 했어요.

어떤 상황이라도 장애인을 항상 배려하고 도와야 하는지 아니면 꼭 그렇지만은 않은지 친구들과 함께 토론해 보세요.

주제	장애인의 행동이 어떻든지 항상 배려하고 도와야 한다.	
주장	찬성	반대
	장애인을 항상 도와야 한다.	장애인이라도 남에게 피해를 주는 행동을 할 때는 돕지 않는다.
주장하는 까닭		
주장의 근거		
반론		
정리		

선생님, 우리 얘기 들리세요?		
도서정보	롭 부예(김선희 역)/ 다른/ 2011년/ 326쪽/ 11,000원	
교과정보	「국어」	
진로정보	전문가/ 교육전문가 및 관련직/ 학교 교사/ 초등학교 교사	

어떤 책일까

　　『선생님, 우리 얘기 들리세요?』는 교사로서 오랫동안 초등학교 아이들을 가르쳐 온 롭 부예가 아이들과 함께 쓴 동화이다. 수학 시간에 '1달러짜리 단어 찾기', 과학 시간에는 원하는 건 뭐든지 주면서 식물을 키우기, 축구장에 풀잎이 전부 몇 개인지 계산하기, 또 한 번도 가본 적 없는 특수반에 가서 아이들을 만나 보며 테업트 선생님 반에서는 매일 예상치 못한 수업이 펼쳐진다. 개성 넘치는 일곱 명의 아이들이 각자의 목소리로 전하는 이야기는 교사와 학생 간의 따뜻한 교감이 아이들의 삶을 어떻게 바꿔 놓는지 꾸밈 없이 보여 주며 좋은 선생님의 자질에 대해 생각할 수 있는 기회를 제공해 준다.

무엇을 더 볼까 (진로 탐색)
　관련매체 : <선생님, 선생님 우리 선생님> (http://home.ebs.co.kr/myteacher/index.html)
　관련도서 : 『반칙 선생님』 / 우다가와 유코 / 양철북

무엇을 이야기해 볼까 (진로 토론)
　1. 학급의 질서 유지를 위해 선생님은 엄해야 한다.
　2. 교육활동 중의 체벌은 필요하다.
　3. 효과적인 지도를 위해 담임 연임제는 필요하다.

무엇을 해 볼까 (진로 활동)
　1. 좋은 선생님은 어떤 사람일지 써 보자.
　2. 20년 뒤 교단에 서 있을 여러분들의 모습을 상상하여 써 보자.
　3. 학교 폭력 없는 교실, 행복이 넘치는 교실을 만들기 위한 비법을 써 보자.

얼마나 가까울까 (진로 척도)

1. 이 일을 해 보고 싶어요.	1	2	3	4	5
2. 이 일을 잘할 수 있어요.	1	2	3	4	5

준비됐나요?

1. 지금까지 학교에 다니면서 전학 온 친구는 몇 명이나 되나요? 그 중에서 한 명을 설명해 보세요.

친구 얼굴을 그려 보아요.	<이름>
	<사는 곳>
	<좋아하는 장소>
	<생김새의 특징>
	<친구의 버릇>

2. 한 해 동안 학급에서 했던 활동 중에서 가장 기억에 남는 행사를 구체적으로 써 보세요.

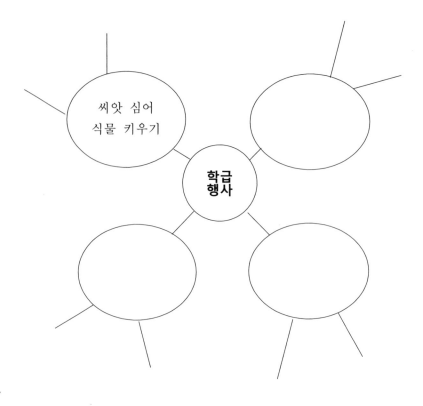

책 속에 있어요

1. 테웁트 선생님과 아이들이 했던 수업 내용을 시간 순서대로 번호를 써 보세요.

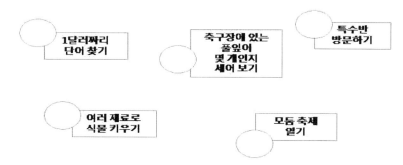

2. 책에는 다양한 7명의 아이들이 있어요. 알맞은 내용을 찾아 선을 이어 보세요.

(1) 피터　　　・　　　　　　・　맘대로 편을 갈라요.

(2) 제시카　　・　　　　　　・　성적이 좋아요. 지기 싫어해요.

(3) 루크　　　・　　　　　　・　공부에 관심 없어요.

(4) 알렉시아　・　　　　　　・　장난이 심해요. 공식 악동

(5) 제프리　　・　　　　　　・　말이 없어요. 콩이 죽는 게 싫어.

(6) 대니얼　　・　　　　　　・　이사 왔어요. 책 뒤에 숨어요.

(7) 애나　　　・　　　　　　・　농장 집 딸이에요.

3. 책 속에서 테웁트 선생님은 책 속에서 지나치게 아이들에게 친절해서 사고가 났다고 아이들은 생각했지요. 학급의 질서 유지를 위해서 선생님은 반드시 엄해야 하는지 자신의 생각을 정리하여 보세요.

깊게 생각해 봐요

1. 우리가 초, 중, 고등학교를 통하여 일상생활에서 필요한 수학지식보다 더 많은 내용의 수학지식을 배우는 까닭은 무엇일까요?

2. 운동장의 풀을 세는 것이 수학능력을 높이는 데 도움이 되는지에 대한 생각과 까닭을 써 보세요.

3. 다음은 지각대장 존 글 중 일부입니다. 잘 읽고 물음에 답하세요.

> "내 살다 살다 별소리를 다 듣겠다, 이 동네 강에서 산더미 같은 파도가 사람을 덮치다니……. 말도 안 되는 소리! 갇혀 봐야 정신을 차리겠군. 이 안에서 꼼짝 말고 이렇게 500번 써라. '다시는 강에서 파도가 덮쳤다는 거짓말을 하지 않겠습니다. 그리고, 다시는 옷을 적시지도 않겠습니다.' 한 번만 더 거짓말을 하고 지각을 했다간, 이 회초리로 때려 줄 테다. 알겠냐?"

(1) 여러분도 존처럼 사실을 이야기 했는데 거짓말을 했다고 혼난 적이 있나요? 어떤 상황이었는지 그 때의 기분은 어떠했는지 말해 보세요. 그리고 사실로 밝혀졌을 때 어떻게 되었는지 설명해 보세요.

(2) 사람은 어떤 사람과 같이 있느냐에 따라 많은 영향을 주고받아요. 테업트 선생님과 함께한 여러 학생들은 자신의 삶이 변화하고 있다는 사실을 깨닫게 되었습니다. 여러분의 삶에 큰 영향을 미친 분이 있다면 소개해 보세요.

```
┌──────────────────────────────────────────┐
│                                            │
│                                            │
│                                            │
└──────────────────────────────────────────┘
```

(3) 테업트 선생님은 "쉬운 일만 하면 아무것도 배울 수가 없어. 배우기 위해서는 도전적일 필요가 있어."라고 말씀하셨습니다. 여러분은 어떻게 생각하나요? 꼭 어려운 일을 해야 배울 수 있는지 토론해 보세요.

주제	배우기 위해서는 쉬운 일만 해서는 안 된다.	
주장	찬성	반대
	늘 도전적인 경험을 해야 배울 수 있다.	쉬운 일을 해서 성취감을 높이는 것이 좋다.
주장하는 까닭		
주장의 근거		
반론		
정리		

(4) 교실에서도 서로 다른 성격을 가진 친구들이 함께 있어요. 그 중에서 친해지고 싶지만, 다른 친구들에게 상처받을까 봐 무서워하는 친구가 있다면 어떤 조언을 해 줄 수 있을까요?

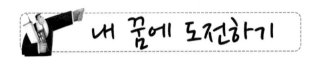

내 꿈에 도전하기

더 알아보아요 [초등학교 선생님이 되려면 또 하나의 부모, 초등교사]

초등학교 교사는 초등학교에서 학생을 가르친다. 주요 업무는 교과목에 따라 학생을 대상으로 수업하는 것. 진도에 맞춰 학습계획안을 작성하고, 수업을 하고 학습평가를 실시한다. 초등교사는 중고교 교사에 비해 생활 교육에 많은 시간을 할애한다. 초등학생이 사회에서 다른 사람과 더불어 생활하는 법을 전반적으로 가르치는 것이다. 예절교육이나 안전교육, 인성교육 등이 이에 해당한다. 초등교사는 교육공무원이기도 하다. 공문을 처리하거나, 학생 정보를 다루는 전산 업무, 연차에 따라 받게 되는 연수나 파견 근무 등의 업무도 한다.

초등교사가 되려면?

전국 10개 교육대학교와 4년제 대학교 초등교육과를 졸업하면 교사자격증을 취득한다. 졸업 후 임용고사에 합격하면 국공립초등학교에서 교사로 재직하게 된다. 사립초등학교는 임용고사를 치르지 않고도 들어갈 수 있으나, 학교별 전형을 통과해야 한다.

교육대학교

경인교육대학교, 공주교육대학교, 광주교육대학교, 대구교육대학교, 부산교육대학교, 서울교육대학교, 전주교육대학교, 진주교육대학교, 청주교육대학교, 춘천교육대학교

초등교육과가 있는 4년제 대학

이화여자대학교, 제주대학교, 한국교원대학교

초등교사의 종류는?

-전문상담교사

학생 개인 상담, 집단 상담, 학부모와 교사 상담 등이 주 업무다. 심리검사를 실시하거나 상담 프로그램 개발 등의 업무를 맡는다. 심리학이나 관련 학과를 전공하면서 교직과목을 이수하면 상담교사 자격증이 주어진다. 이후 임용고사에 합격하면 국공립초등학교에서 근무하게 된다. 사립초등학교는 임용고사와 무관하게 학교별로 별도 전형을 한다(이하 동일).

-사서교사

학교 도서관에서 일한다. 학생의 독서학습을 지도하고 독서 관련 협력 수업을 한다. 도서관 운영과 자료 선정, 장서관리 등의 업무를 맡는다. 4년제 대학에서 문헌정보학을 전공하면서 교직과목을 이수한 후 임용고사를 통과하면 국공립초등학고 사서교사로 임용된다.

-보건교사

학생을 간호하고, 교내 안전사고 예방 교육, 보건교육, 성교육 등을 담당한다. 4년제 대학에서 간호학을 전공한 뒤 간호사 자격증을 따고, 교직과목을 이수하면 보건교사 자격증이 주어진다. 보건교사도 국공립초등학교에 임용되려면 임용고사를 통과해야 한다.

-영양교사

급식 식단을 짜고 식재료를 선정, 검수한다. 학생을 대상으로 위생과 안전 교육, 식생활 지도 등을 총괄하며 조리 종사자 감독, 학교급식에 관한 업무를 처리한다. 4년제 대학에서 식품영양학을 전공하며 교직과목을 이수한 후 임용고사를 통과하면 국공립초등학교에 재직할 수 있다.

어떤 사람이 좋은 초등학교 선생님이 될 수 있을까?

좋은 교사가 되기 위해 가장 필요한 소양은 '아이를 좋아하는 것'. 교실에서 만나는 아이가 모두 사랑스럽고 예쁘지는 않다. 친구를 때리는 아이, 화를 참지 못하는 아이, 산만한 아이도 있다. 학교에선 담임선생님 한 명이 30여 명의 아이와 매일 씨름하니 인내심이 필요하다. 아이를 좋아하지 않는다면 힘들게 느껴질 것이다.

'자기성찰지능'이 높은 사람. 나는 어떤 사람인가, 나는 도덕적인가, 나는 무엇에 관심을 갖는가 하는 식으로 스스로를 계속 돌아보고 생각하는 사람을 뜻한다. 초등학생은 인성이 완성되는 시기로, 초등교사는 아이에게 거울과 같은 역할을 하기 때문에 다른 직업에 종사하는 사람보다 자기성찰지능이 높은 사람이 좋은 초등학교 선생님이 될 수 있다. 또한 '대인관계지능'도 높아야 한다. 아이, 학부모와 끊임없이 소통해야하기 때문이다. 효과적인 수업을 위한 언어능력과 미술이나 영어 등 특정 분야에 장기가 있는 것도 도움이 된다.

[출처] [진로탐색] [출처:미즈코치 2012.06]

쉬어가는 코너 　나를 찾아봐요

❖ 내 꿈의 변천사

　어린 시절부터 지금까지 살아오면서 가졌던 자신의 꿈에 대해 생각해 보고, 그 꿈에 영향을 준 사건이나 사람에 대해 이야기해 봅시다.

	나의 첫 번째 꿈	나의 두 번째 꿈	나의 세 번째 꿈	나의 네 번째 꿈	나의 다섯 번째 꿈
꿈이 무엇인가요?					
언제 그 꿈을 갖게 되었나요?					
내 꿈에 영향을 준 사람이나 사건은 무엇인가요?					

제4장

경찰

GO GO 꿈 속으로

내가 아는 경찰이란?

내가 아는 경찰의 모습을 상상해 보고, 경찰에 대한 내 생각을 자유롭게 적어
보세요.

출동! 마을은 내가 지킨다		
도서정보	임정은/ 사계절출판사/ 2012년/ 56쪽/ 11,000원	
교과정보	「실과」	
진로정보	경찰	

어떤 책일까

　　많은 초등학생 친구들은 경찰에 대한 막연한 동경을 가지고 있는데 이 책은 그런 마음을 품은 친구들에게 미래의 직업으로서의 경찰을 이야기하고 있다.

　　실제 15년 경찰 생활 대부분을 지구대에서 순찰 경찰로 일한 주인공을 통해 바삐 돌아가는 경찰의 생활을 구체적으로 다룰 뿐 아니라 경찰이 소지하는 물건, 지구대의 건물 내부, 경찰이 되기 위한 길과 노력해야 할 점 등을 단계별로 지루하지 않게 소개하고 있습니다. 여기에 부록에서는 경찰이 필요할 때 112에 신고하면 경찰이 출동하기까지의 과정을 알려 주기도 하고 그 외 지구대 경찰 뿐 아니라 경찰 인터뷰를 통해 경찰의 다양한 업무와 명칭과 실질적으로 초등학생 친구들이 궁금해하는 부분에 대해서도 안내해 주기도 한다. 이 책을 통해 경찰에 대한 동경을 가진 초등학교 학생들은 한 발짝 더 꿈에 다가가는 경험을 하게 될 것이다.

무엇을 더 볼까 (진로 탐색)

　관련매체: 경찰박물관 (www.policemuseum.go.kr)

　관련도서: 『나의 직업 경찰관』 / 청소년 행복연구실 / 동천출판사

무엇을 이야기해 볼까 (진로 토론)

　1. 경찰에서 가장 중요한 부서는 정해져 있다.

　2. 경찰은 우리에게 많은 영향을 미치는 존재이다.

무엇을 해 볼까 (진로 활동)

　1. 경찰이 담당하고 있는 일 중에서 내가 매력 있어 하는 과를 소개해 보자.

　2. 1일 경찰관이 되어 경찰 하루일지를 4컷 만화로 그려 보자.

얼마나 가까울까 (진로 척도)

	1	2	3	4	5
1. 경찰이 하는 일을 알 수 있어요.	1	2	3	4	5
2. 경찰은 봉사하는 마음이 필요하다는 것을 알 수 있어요.	1	2	3	4	5

준비됐나요?

1. 경찰과 잘 어울릴 것 같은 연예인은 누구인가요? 사진을 붙이고 까닭을 말해 보세요.

사진 붙이기	까닭

2. 경찰서에 가면 무엇이 있을지 생각나는 것을 말해 보세요.

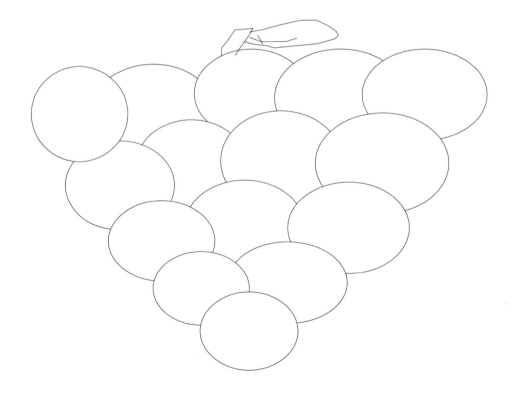

책 속에 있어요

1. 지구대 하루일과를 윤성훈 경사를 따라가며 적어 보세요.

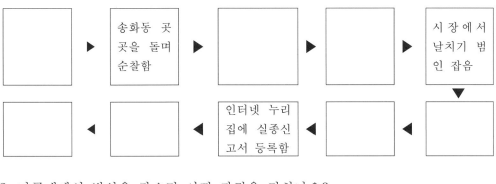

2. 지구대에서 범인을 잡으면 어떤 과정을 거치나요?

3. 윤 경사는 처음 경찰이 되었을 때 어떤 경찰이 되겠다고 다짐했나요?

4. 경찰들이 과별로 어떤 일들을 하는지 적어 보세요.

과	하는 일
생활안전과	
수사과	
	교통사고가 나지 않도록 예방하고, 교통사고를 조사해서 집회나 시위가 있을 때 사고가 없도록 질서를 유지시키는 일을 함
경무과	
	우리나라뿐 아니라 다른 나라까지 관련된 국제범죄를 다루고 맡은 지역에서 일어나는 중요한 정보를 알아내는 일도 함
경찰 특공대	

깊게 생각해 봐요

1. 경찰은 우리에게 직접적으로 혹은 간접적으로 다양한 곳에서 우리와 친밀한 관계를 맺고 있는데요. 경찰이 우리에게 어떤 영향을 미치고 있는지 내 의견을 말하고, 친구와의 의견을 비교해 보세요.

내 의견	친구 의견

나와 친구 의견		
같은 점	VS	다른 점

2. 이 책의 주인공 윤 경사는 가족의 안전을 지키는 마음으로 마을의 안전을 지키려 성실히 바쁜 하루일과를 보내는데요. 내가 만약 1일 경찰관이 된다면 어떤 하루를 보낼지 경찰 하루 일지를 4컷 만화로 그려 보세요.

경찰 공무원 / 브랜드 매니저	
도서정보	와이즈멘토/ 주니어김영사/ 2013년/ 72쪽/ 8,000원
교과정보	「실과」
진로정보	경찰 공무원

어떤 책일까

　이 책에서는 법과 질서를 유지하기 위해 범죄 수사를 하고, 사고나 범죄가 일어나지 않도록 예방 활동과 신고 접수와 범죄 피해 상담 등 경찰 공무원이 하는 일을 구체적으로 이야기 하고 있다. 또한 경찰 공무원의 좋은 점과 힘든 점, 경찰 공무원이 되기 위해 필요한 능력 등도 알기 쉽게 구체적으로 알려 주고 있다.

　적성&진로 지도, 직업 체험 활동, 경찰 공무원이 되기 위한 과정 등 교사와 학부모를 위한 가이드가 마련되어 있어서 좀 더 가깝고 친밀하게 경찰 공무원에 대한 안내자 역할을 하고 있다.

무엇을 더 볼까 (진로 탐색)

　관련매체: 『경찰대학』(http://www.police.ac.kr)

　관련도서: 『경찰관이 되고 싶어요』 / 또래나라 / 대교출판

무엇을 이야기해 볼까 (진로 토론)

　1. 경찰 공무원이 되기 위해서는 필요한 능력은 반드시 모두 갖추고 있어야 한다.

　2. 경찰 공무원은 국민을 지키기 위하여 새로운 일에 더 많이 참여해야 한다.

무엇을 해 볼까 (진로 활동)

　1. 행복한 사회를 만들기 위해 나는 어떤 경찰 공무원이 되고 싶은지 나의 다짐을 적어 보자.

　2. 경찰 공무원의 하루일과를 스토리텔링 해 보자.

얼마나 가까울까 (진로 척도)

	1	2	3	4	5
1. 경찰 공무원의 다양한 능력을 알 수 있어요.	1	2	3	4	5
2. 능력을 갖추기 위해 어떤 노력이 필요한지 알 수 있어요.	1	2	3	4	5

준비됐나요?

1. 경찰하면 떠오르는 영화, 드라마가 있나요? 생각나는 작품을 소개해 보세요.

작품 명	
작품 소개	

2. 경찰을 보면 어떤 생각이 떠오르는지 말해 보세요.

책 속에 있어요

1. 책을 읽고 경찰 공무원에 대해 알게 된 내용을 마인드맵을 이용하여 정리해 보세요.

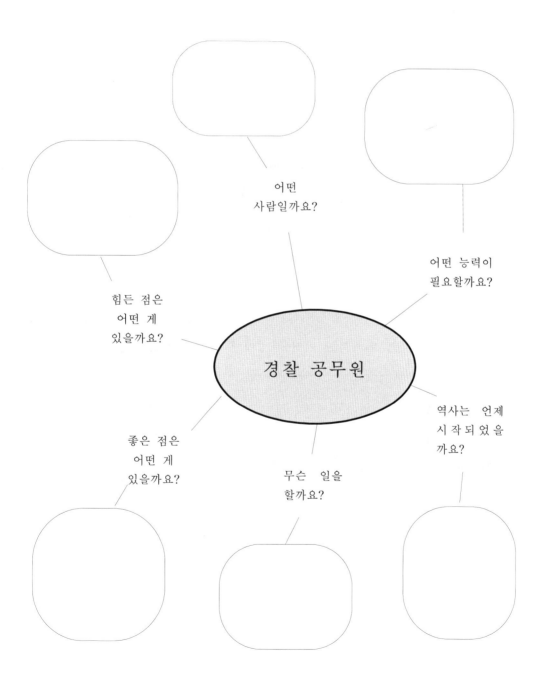

어떤
사람일까요?

어떤 능력이
필요할까요?

힘든 점은
어떤 게
있을까요?

경찰 공무원

역사는 언제
시 작 되 었 을
까요?

좋은 점은
어떤 게
있을까요?

무슨 일을
할까요?

2. 경찰 공무원들은 서로 하는 일이 다르답니다. 다음 경찰 공무원이 하는 일을 찾아 알맞게 이어 보세요.

(1) 경찰 특공대 ●	● 바다 위에서 일어나는 강도, 밀입국, 밀수 등의 범죄 단속
(2) 인터폴 ●	● 범인의 성격, 취향, 성별, 연령 등을 추정해 범인 체포
(3) 항공요원 (헬기 조종사, 헬기 정비사) ●	● 전술요원, 폭발물 처리 요원, 탐지견 요원으로 나뉘어 있음
(4) 해양 경찰 ●	● 해외로 달아난 범인 체포 시 국가들끼리 협조 필요가 있어 세운 국제기구
(5) 범죄 심리분석, 프로파일링 ●	● 경찰 항공기 운항·정비 등의 업무 수행

3. 경찰 공무원이 되기 위해서는 어떤 과정이 필요한지 적어 보세요.

학 교	
(1) 공부해야 할 필수 과목	
(2) 관련 자격증	
(3) 학교 졸업 후	고등학교: 대학교:

깊게 생각해 봐요

1. 앞의 질문에서 우린 경찰 공무원이 되는 과정을 알아봤어요. 경찰 공무원이 되기 위해서는 다양한 능력을 갖추고 있어야 해요. 그중에서 내가 생각하는 가장 중요한 능력은 무엇이라고 생각하는지 써 보고 그 까닭을 이야기해 보세요.

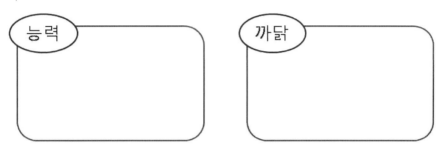

능력

까닭

2. 경찰 공무원은 어려움에 빠진 사람을 돕고 사회의 안녕과 질서를 지켜주며 국민의 행복을 위해 최선을 다하는 사람입니다. 행복한 사회를 만들기 위해 나는 어떤 경찰 공무원이 되고 싶은지 나의 다짐을 적어 보세요.

나의 다짐

1. 나는 (   ) 키우겠습니다.

왜냐하면,

2. 나는 (   ) 키우겠습니다.

왜냐하면,

3. 나는 (   ) 키우겠습니다.

왜냐하면,

나 ○○○은 위와 같은 다짐을 꼭 실천하도록 하겠습니다.

20○○ 년   월   일

성명

3. 경찰 공무원의 하루일과를 주어진 이야기를 토대로 뒷이야기를 상상하여 스토리
   텔링 해 보세요. (오늘 나진로 형사는 어떤 하루를 보내게 될까요? 어떤 수사방
   법을 사용할까요? 범인은 잡을 수 있을까요? 여러분이 나진로 형사의 하루를 이
   야기해 주세요.)

> 며칠째 야근한 나진로 형사는 오늘 아침 알람소리를 못 듣고 잠을 더 자는
> 바람에 아침밥도 못 먹고 출근을 해야 했어요. 거기다 경찰서 거의 다 와서는
> 사고 난 차량들 때문에 길이 막혀서 한참을 돌아와야 했답니다. 물론 덕분에
> 교통경찰계의 친구와 눈인사를 나눌 수 있었어요. 허겁지겁 자리에 들어와
> 앉아서 한숨을 돌리려고 하는데 이게 웬일인가요? 할머니 혼자 사시는 집에
> 강도가 들어서 할머니가 몇 년 동안 한 돈 두 돈 모아 장롱 속에 모아두셨던
> 순금 50돈이 사라졌다는 신고가 들어왔다네요! 나진로 형사는 자리에서 벌떡
> 일어났어요. 출동이네요. 배도 고프고 피곤하지만 나진로 형사는 씩씩하게
> 앞장서서 사무실을 뛰어 나가고 있어요.

경찰은 무슨 일을 하나요?		
도서정보	소피 드 망통, 알렉시아 델리외/ 주니어중앙/ 2008년/ 63쪽/ 6,500원	
교과정보	「사회」	
진로정보	경찰	

어떤 책일까

　　이 책은 많은 아이들에게 관심이 있는 직업 경찰을 재미있고 쉽게 이해할 수 있도록 길잡이 역할을 해 주고 있다.

　　아이들이 실질적으로 궁금해 하는 24가지 질문을 선정하여 그 해답을 제시해 놓았고, '알고 있나요?'와 같은 코너를 각 질문 마다 곳곳에 마련하여 꼭 알아야할 재미있고 유익한 경찰에 대한 지식과 정보를 알려주고 있다.

　　책 속 부록을 통해 체험 놀이, 안전 상식, 부모님 가이드가 친절하게 소개되어 있어서 아이들이 실제로 체험할 수 있는 기회를 가질 수 있다.

　　경찰이 멋있어서 막연하게 경찰을 꿈꾸는 아이들에게 경찰에 대해서 올바른 생각을 할 수 있도록 돕고, 친근함을 느낄 수 있는 기회를 주며 무엇보다 경찰의 역할과 소중함을 깨닫고 느낄 수 있게 하는 안내서 역할을 충실히 해 주고 있다.

무엇을 더 볼까 (진로 탐색)

관련매체: 한국잡월드 (www.koreajobworld.or.kr)

관련도서: 『어린이 과학 형사대 CSI』 시리즈 / 고희정 / 가나출판사

무엇을 이야기해 볼까 (진로 토론)

1. 나의 적성과 흥미는 경찰이 되기 위해 꼭 알아야 한다.
2. 학교 규칙은 모든 학생에게 공평하다.

무엇을 해 볼까 (진로 활동)

1. 내가 학교 규칙을 새롭게 만든다면 어떤 규칙을 만들고 싶은지 써 보자.
2. 정의로운 경찰이 되기 위한 나만의 꿈의 목록을 만들어 보자.

얼마나 가까울까 (진로 척도)

1. 경찰이 되려면 어떻게 해야 하는지 알 수 있어요.	1	2	3	4	5
2. 법을 잘 지킬 수 있어요.	1	2	3	4	5

준비됐나요?

1. 매일 뉴스를 보고 있나요? 현재 이슈가 되고 있는 사건을 말해 보세요.

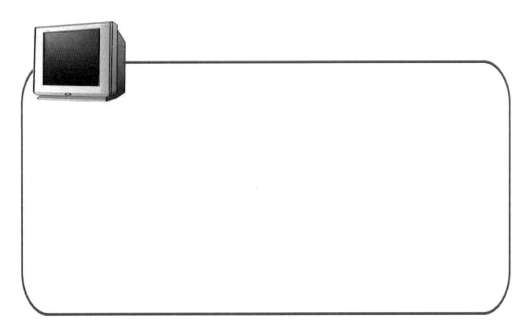

2. 초등 범죄 예방에 대한 여러분의 생각을 ○, × 퀴즈를 통해 알아보세요.

(1) 학교 폭력에 시달릴 때 도움을 받을 수 있는 전화는 182이다.----- (   )

(2) 남의 물건을 훔칠 때 망을 본 친구는 범죄자가 될 수 없다.-------(   )

(3) 학교 밖에서 친구에게 폭력을 행사했다.
     이것은 학교 폭력이 아니다. --------------------------------(   )

(4) 4대 사회악은 학교폭력, 성폭력, 가정폭력, 불량식품 유통이다.-----(   )

(5) 자신도 모르게 잘못된 말과 행동으로 친구의 마음에 상처를 입히는 일은
     학교 폭력이다. ---------------------------------------(   )

책 속에 있어요

1. 평소에 경찰에 대한 어떤 궁금증을 갖고 있었나요? 책 내용 24가지 질문 중에서 내가 가장 궁금했던 질문 세 가지를 골라 보고, 궁금증에 대한 해결된 점을 적어 보세요.

궁금했던 질문	궁금증 해결
스파이도 경찰인가요?	국가 정보원이라고 하는데 나라에 큰 위협이 될 만한 위험한 인물을 비밀리에 조사하고 감시하는 일을 한다.

2. 위급한 상황이 발생하면 우리는 언제, 어디서나 '112'에 신고를 해요. 그러면 어디선가 금방 경찰이 도와주러 와요. 경찰은 어떻게 사고 난 장소를 빨리 올 수 있는지 말해 보세요.

3. 나쁜 일을 한 사람들을 우리는 법을 어긴 범죄자라고 해요. 그런 사람들을 경찰이 잡아가서 재판을 받고 벌을 받게 되지요. 그렇다면 법은 뭐라고 생각하는지 적어 보세요.

깊게 생각해 봐요

1. 경찰은 보람이 큰 만큼 어렵고 힘든 직업이에요. 경찰이 나와 얼마나 어울리
   는지 나의 매력과 경찰의 매력을 비교 이야기해 보세요.

구분	나	경찰
흥미 (좋아하는 것)		
적성 (잘 할 수 있는 것)		순발력과 추진력이 있다.
성격	적극적이고 활동적이다.	

2. 학생은 학교에서 정해 놓은 규칙을 지켜야 할 의무가 있어요. 정해진 규칙
   이 내 마음에 들지 않는다고 규칙을 어기게 되면 선생님께 꾸중을 듣거나
   학교에 다닐 수 없게 되는 경우도 있어요. 내가 학교 규칙을 새롭게 만든
   다면 어떤 규칙을 만들고 싶은지 까닭과 함께 이야기해 보세요.

규칙	까닭
일주일에 3일은 체육을 꼭 한다.	신체적으로 건강해야 공부도 잘할 수 있기 때문이다.

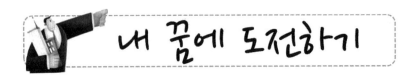

내 꿈에 도전하기

경찰이 되려면

　경찰은 영화나 드라마에 나오는 주인공처럼 폼 나는 영웅이 아니에요. 경찰이 되려면 국가와 국민을 위해 밤낮으로 일한다는 봉사의식과 사명감을 갖고 있어야 해요. 경찰의 꿈을 이루기 위해서 존고다드의 꿈의 목록처럼 나만의 꿈의 목록을 만들어 보세요.

○○○ 경찰의 꿈의 목록	
배워야 할 것들	만나고 싶은 경찰
가 봐야 할 곳	해 보고 싶은 호신술
꼭 해내야 하는 일	스트레스 해소용 취미
체험하고 싶은 경찰 업무	꼭 해결해 보고 싶은 사건

쉬어가는 코너 **나를 찾아봐요**

❖ 나의 성격

1. 자신의 성격의 장단점을 생각해 보고 적어 봅시다.

내 성격의 장점	내 성격의 단점

2. 내가 갖고 싶은 성격은 어떤 것인가요?

제5장

법조인

GO GO 꿈 속으로

<선녀와 나무꾼>에서 선녀가 지은 죄는 무엇일까요? 요즘 세상과 연결 지어 생각해 보세요.

나무꾼이 지은 죄는 무엇일까요? 법과 관련지어 생각해 보세요.

어린이 꿈 발전소 : 법원		
도서정보	김승렬/ 국일아이/ 2011년/ 192쪽/ 11,000원	
교과정보	「사회」	
진로정보	전문가/ 법률 및 행정전문직/ 법률 전문가/ 판사 및 검사, 변호사	

어떤 책일까

마이더스의 손을 가진 사고뭉치 최고석 삼촌이 로봇 무쇠돌이 2호 도난 사건에 휘말린다. 평소 호기심이 많아 물건을 망가뜨리며 말썽을 피웠지만 누구보다 삼촌을 좋아한 미르와 보리 남매가 삼촌을 구하기 위해 사건 현장에 뛰어드는데…… 검사인 아버지와 미르 남매가 벌이는 사건 사고를 통해 법원에서 일하는 다양한 직업에 대해 알려주고 있다.

이 책은 아이들이 좋아하는 만화 형식으로 되어 있어 다소 생소한 법원과 법률에 관한 용어들을 자연스럽게 접근하고 있어 이 책이 전달하고자 하는 의미를 좀 더 쉽게 받아들일 수 있다. 삼촌을 구하기 위해 두문불출하는 미르와 보리 남매를 따라가 보면 법원에서 하는 일과 각자의 역할에 대해 자연스럽게 알게 될 것이다.

무엇을 더 볼까 (진로 탐색)
 관련도서: 『내일은 리더(법조인편)』 / 현무와 주작 / 기탄교육
　　　　　『독수리 오남매, 법률가를 만나다!』 / 홍경의 / 한겨레아이들

무엇을 이야기해 볼까 (진로 토론)
 1. 법조인(판사, 검사, 변호사)은 반드시 엄격해야 한다.
 2. 법은 어떤 상황, 어떤 사람에게나 똑같이 적용 되어야 한다.

무엇을 해 볼까 (진로 활동)
 1. 법에 관련된 직업에는 무엇이 있으며 그들이 하는 일을 적어 보자.
 2. 법이 없다면 우리 사회는 어떻게 될까 생각해 보자.

얼마나 가까울까 (진로 척도)

1. 논리적으로 말할 수 있어요.	1	2	3	4	5
2. 이 일을 잘할 수 있어요.	1	2	3	4	5

1. <법>하면 떠오르는 것들을 자유롭게 써 주세요.(감정을 나타내는 말도 좋아요)

2. 여러분이 생각하는 <법>은 무엇인가요?

법이란...

3. 만약 <법>이 없다면 이 세상은 어떻게 될까요?

책 속에 있어요

1. 재판이란 무엇인가요?

2. 공박사님이 발명을 하다가 또 폭발을 일으켰어요. 동네 주민들은 공박사님을 어떻게 하려고 하나요?

★ 여기서 잠깐! <고소>와 <기소>
<고소>는 범죄의 피해자가 수사기관에 범죄 사실을 신고.
<기소>는 조사된 범죄에 대해서 검사가 법원에 재판을 요청하는 것.

3. 공박사님 대 마을 주민들이 재판을 하고 있어요. 아래 빈칸에 알맞은 말을 넣어 보세요.

난 _____야.
재판에서 판결하는 역할을 하지.

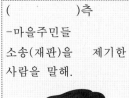

(　　　　)측
-마을주민들
소송(재판)을 제기한
사람을 말해.

서기 : 재판의 내용을 기록
정리 : 재판의 진행을 도움

(　　　　)측
-공박사님
소송(재판)을 당하는
사람을 말해.

4. 이렇게 법원에는 많은 사람들이 일을 하고 있어요. 어떤 사람이 어떤 일을 하고 있는지 알맞게 이어 보세요.

(1) 판사 ●   ● 범죄자의 죄를 조사하고 법원을 통해 그 죄를 묻는 역할

(2) 검사 ●   ● 재판에서 법률을 근거로 재판을 진행하고 판결을 내리는 역할

(3) 변호사 ●   ● 회사, 근로자 간에 생길 수 있는 법적인 문제를 해결해 주는 역할

(4) 노무사 ●   ● 소송을 하는 사람들 중 법이나 재판과정에 대해 잘 모르는 사람을 도와주는 역할

5. 판사, 검사, 변호사가 되려면 어떻게 해야 하나요? (　　　　)
① 사법시험을 치거나 로스쿨을 다녀야 한다.
② 재판을 열심히 참관한다.
③ 대학교를 법과 관련된 학과를 졸업한다.
④ 공부를 열심히 해서 전교에서 1등을 한다.
⑤ 법정 드라마를 많이 보고 실전 감각을 익힌다.

★ 여기서 잠깐! <사법시험>과 <로스쿨>
　사법시험은 법무부에서 법조인을 선발하기 위해 실시하는 시험입니다. 하지만 2017년에 폐지될 예정이지요. 그 후론 사법시험을 대신하게 될 로스쿨제도 바뀝니다. 로스쿨은 미국에서 처음 생겼는데 대학에서 법학 또는 다른 과목을 전공한 사람들이 3년 동안 법에 대해서 배우는 제도예요. 입학생은 로스쿨을 졸업한 후 변호사 자격시험을 칠 수 있게 된답니다.

6. 최고석 삼촌이 무쇠돌이 2호를 훔쳐서 달아났어요. 식구들이 모두 걱정하고 있네요. 삼촌은 예전에도 조금씩 법을 어긴 적이 있대요. 삼촌이 법을 <u>어긴</u> 경우를 찾아보세요. (   )

① 길거리에 휴지를 함부로 버렸다.

② 고궁 잔디밭에 들어가지 않았다.

③ 밤에 술을 마시고 고래고래 소리를 질렀다.

④ 컴퓨터 프로그램을 유료로 다운받아 사용하였다.

⑤ 강아지와 산책하다가 강아지가 길거리에 응가를 쌌는데 치우지 않았다.

7. 요즘은 컴퓨터와 관련된 범죄도 많이 발생하고 있어요. 특히 인터넷이 발달하면서 인터넷을 이용한 범죄가 늘고 있지요. 이런 범죄를 수사하는 곳은 어디인가요?

8. 최고석 삼촌의 형인 최고봉 변호사는 로펌에 다니고 있어요. 로펌은 어떤 곳인가요?

9. 검사는 범죄 사실을 확인하기 위해서, 또 변호사는 의뢰인의 말을 믿기 위해서 무엇이 꼭 필요한가요? (두 글자)

깊게 생각해 봐요

1. 만약 판사가 잘못 판결을 내린다면 어떻게 될까요?

2. 잘못된 법도 지켜야 할까요?

지켜야 한다   vs 지키지 않아도 된다

3. 법조인이 갖추어야 할 조건에는 무엇이 있는지 친구들과 이야기해 보세요.

이름	의견

4. 타임머신 타고 미래로 GO! GO! 멋진 판사복을 입고 법원에서 재판하고 있는 나의 모습이 보이나요? 오늘 하루도 법조인으로써 사명을 다했네요. 20년 후 오늘, 법원에서 있었던 일을 상상해서 일기로 써 보세요.

월   일   날씨 :

제목 :

샌지와 빵집 주인	
도서정보	로빈 자네스/ 비룡소/ 2000년/ 26쪽/ 8,500원
교과정보	「도덕」
진로정보	전문가/ 법률 및 행정전문직/ 법률 전문가/ 판사 및 검사, 변호사

어떤 책일까

　여행을 좋아하는 샌지는 멋진 향료와 비단을 사고파는 도시에 머물게 되었다. 작지만 아늑한 방에서 지내면서 샌지는 매일 아침 고소한 빵 냄새를 맡게 된다. 그러던 어느 날 빵집 주인은 자신의 빵 냄새를 훔쳤다며 샌지를 고소하게 된다. 재판관 앞에 선 샌지와 빵집 주인. 재판관은 지혜롭고 현명한 방법으로 이 사건을 해결한다.

　재판관(판사)은 원고인 빵집 주인과 피고인 샌지의 이야기를 잘 듣고, 옳고 그름을 지혜롭게 판단하고 있다. 어려운 법적 용어보다 이야기를 통해 재판하는 과정을 아이들의 눈높이에서 잘 풀어내고 있다.

무엇을 더 볼까 (진로 탐색)
　관련도서 : 『이재원 변호사와 함께 보는 옛이야기 명판결』 / 조문현 / 상상스쿨
　　　　　　『너구리 판사 퐁퐁이』 / 신지영 / 창비

무엇을 이야기해 볼까 (진로 토론)
　1. 현명한 판사는 어떤 판사일까?
　2. 판사는 어떠한 경우에도 법의 잣대를 벗어날 수 없다.
　3. 판사는 검사나 변호사보다 더 뛰어나다.

무엇을 해 볼까 (진로 활동)
　1. 재판관과 빵집 주인, 샌지의 역할을 정해 모의재판을 해 보자.
　2. 재판시 방청객이 되어 실제로 재판과정을 살펴보자.

얼마나 가까울까 (진로 척도)

1. 옳고 그름을 판단할 수 있어요.	1	2	3	4	5
2. 친구들의 말을 잘 들을 수 있어요.	1	2	3	4	5

준비됐나요?

오성과 한음

❖ 다음은 오성과 한음에 나온 이야기를 일부 간추린 것입니다. 다음을 읽고, 물음에 답하세요.

> 한음은 오성네 집에 놀러 갔다. 그런데 오성이 하인에게 감이 먹고 싶다고 하였다. 하지만 오성이네 하인이 안 된다고 하였다. 왜냐하면 권판서 댁 하인이 가지가 넘어왔다고 하며 자기네 것이라고 우겼기 때문이다. 그래서 오성과 한음은 머리를 맞대고 생각을 하였다. 그러던 오성이 좋은 생각이 나서 오성이 권판서 댁에 가서 창호지에 팔을 내밀고 물어봤다. 이 팔은 누구의 것입니까? 그러자 권판서 댁에서 당연히 오성 것이라고 했다. 그럼 저 감나무는 누구의 것입니까? 물어봤다. 그러자 권판서 댁은 알아채고 너의 것이라고 하였다. 그런데 권 판서님 하인들이 감을 따지 못하게 합니다. 그러자 권판서 댁은 하인을 앞으로 철저히 단속한다고 하였다. 그래서 오성과 한음은 맛있는 감을 맛있게 먹었다.

1. 내가 만약 이 재판을 맡은 재판장이라면 어떤 판결을 내릴 것인가요?

2. 그렇게 판결을 내린 까닭은 무엇인가요?

책 속에 있어요

1. 샌지는 젊었을 때 무엇을 많이 했나요?

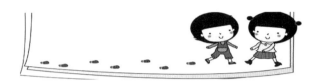

2. 샌지가 여행하면서 한 일을 모두 고르세요. (   )
   ① 빵 만들기
   ② 거친 바다 건너기
   ③ 뜨겁고 넓은 사막 건너기
   ④ 향로와 보석, 울긋불긋한 비단 팔기

3. 아침에 샌지가 눈을 뜨면, 무슨 냄새를 맡을 수 있었나요?

4. 빵집 주인은 왜 샌지를 고소했나요?

5. 재판관이 샌지에게 9시까지 가지고 오라고 한 것은 무엇인가요?

6. 샌지는 어쩔 수 없이 친구들에게 돈을 빌렸어요. 친구들의 직업은 어떤 것들이 있었나요?

7. 재판관은 샌지가 빵 냄새를 맡은 값을 빵집 주인에게 어떻게 치르게 했나요?

깊게 생각해 봐요

1. 여러분이 샌지라면 빵집 주인이 빵 냄새를 맡은 값을 내라고 했을 때 어떻게 했을까요?

이름	의견

2. 빵 냄새를 맡으면 도둑이 될 수 있을까요? 까닭과 함께 여러분의 생각을 이야기해 주세요.

> 도둑이 될 수 있다 vs 도둑이 될 수 없다

3. 만약 내가 재판관이라면 어떤 판결을 내릴지 써 보세요.

법으로 희망을 심는 변호사		
도서정보	노지영/ 주니어랜덤/ 2009년/ 64쪽/ 9,000원	
교과정보	「사회」	
진로정보	전문가/ 법률 전문가/ 변호사, 사무관	

어떤 책일까

환경 전문 변호사인 강대한 변호사를 주인공으로 하여 변호사가 되려면 어떻게 해야 하는지, 변호사는 어떤 일을 하는지 소개하는 책이다.

강대한 변호사는 가미 마을 이장님의 의뢰로 소송을 맡은 후에 가미 마을로 가서 마을 사람들의 이야기를 듣고, 소송에 함께 참여하도록 설득시킨다.

힘든 소송을 준비하고, 마을 사람들과 함께 힘을 합쳐 싸우는 강대한 변호사를 통해 열정이 넘치는 변호사의 세계를 경험할 수 있다.

책 뒤쪽에는 판사, 검사, 변호사는 어떻게 다른지, 법정에는 어떤 사람들이 일하고 있는지, 변호사가 되려면 어떻게 해야 하는지 등의 법조인에 관한 정보도 함께 담았다.

무엇을 더 볼까 (진로 탐색)
관련매체 : 영화 <변호인>(2013)
관련도서 : 『이태영』 / 공지희 / 비룡소

무엇을 이야기해 볼까 (진로 토론)
1. 변호사도 전문분야가 꼭 필요하다.
2. 범죄를 저지른 사람도 변호사가 필요하다.

무엇을 해 볼까 (진로 활동)
1. 소송을 통해 사회적으로 영향을 끼친 변호사들을 찾아본다.
2. 법률 사무소등을 찾아가 변호사가 하는 일을 직접 알아본다.

얼마나 가까울까 (진로 척도)

	1	2	3	4	5
1. 사람들의 이야기를 잘 들을 수 있어요.	1	2	3	4	5
2. 조사하는 일을 잘할 수 있어요.	1	2	3	4	5

준비됐나요?

1. <변호사>는 무엇을 하는 사람일까요? 내 생각을 써 봅시다.

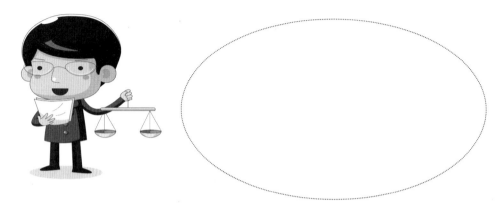

2. <변호사>는 어떤 사람들이 필요로 할까요?

3. 만약 이 세상에 법조인(판사, 검사, 변호사 등)이 없다면 어떻게 될까요? 상상하여 써 보세요.

책 속에 있어요

1. 강변호사는 주로 어떤 분야를 전문적으로 변호하고 있나요?

2. 강변호사가 속한 미르 법률 사무소는 개인 소송뿐 아니라 공익 소송까지 맡고 있습니다. 공익 소송이란 무엇인가요?

공익 소송이란?

3. 가미 마을에 공장이 들어서고 난 후 변화된 마을의 모습이 <u>아닌</u> 것을 찾아보세요. (　　　)
　① 공기가 안 좋다.
　② 양식장의 고기가 떼죽음을 당했다.
　③ 농사를 지어도 수확량이 형편없었다.
　④ 두통이 심해 아이들의 성적이 떨어졌다.
　⑤ 마을 사람들이 알 수 없는 병에 걸려 있다.

4. 강변호사는 가미 마을 소송을 준비하면서 일본의 판례를 조사했어요. 판례는 왜 중요한지 그 까닭을 찾아 쓰세요.

5. 강변호사가 가미 마을 소송을 준비하면서 했던 일을 모두 찾으세요.(　　　)
　① 소송에 필요한 문서들을 만들었다.
　② 공장을 직접 찾아가 증거를 수집했다.
　③ 비슷한 사건이 있는지 판례들을 조사했다.
　④ 소송에 참여할 수 있도록 마을 사람들을 설득했다.

깊게 생각해 봐요

1. 이 책을 통해 변호사가 갖춰야 할 조건에는 무엇이 있는지 말해 보세요.

2. 범죄자도 변호사가 필요할까요? 내 생각과 그렇게 생각하는 까닭을 써 보세요.

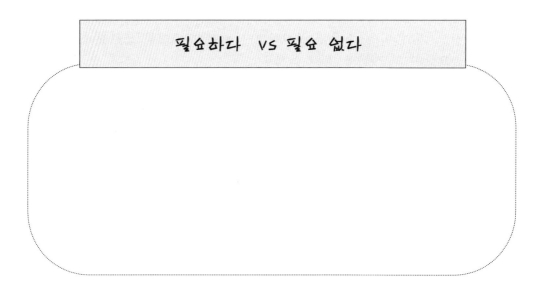

필요하다 vs 필요 없다

3. 내가 만약 강변호사라면 가미 마을 소송을 준비하면서 어떤 점이 가장 힘들었을까요? 변호사가 되어 질문에 대답해 보세요.

질문1 : 가미 마을 소송을 준비하면서 어떤 점이 가장 힘들었나요?

예상 대답 :

질문2 : 공장을 찾아갔을 때 무섭진 않았나요?

예상 대답 :

질문3 : 마을 사람들이 변호사님을 믿지 못했을 때 어떤 마음이었나요?

예상 대답 :

질문4 : 가장 보람을 느끼는 때는 언제였나요?

예상 대답 :

내 꿈에 도전하기

1. 미리 맛보는 법학적성시험!

법학전문대학원인 로스쿨 입학시험인 LEET! 지식을 묻는 시험이 아니라 분석력과 사고력, 문제해결 능력을 측정하기 위한 시험이랍니다. 간단한 테스트로 내 적성을 알아보아요! 질문에 대해 그렇다면 ○, 그렇지 않으면 ×로 표시하세요.

<1교시> 언어와 설득에 얼마만큼 익숙할까?
1. 나는 내 생각을 말이나 글로 잘 표현한다. (   )
2. 나는 모르는 사람과 쉽게 말하고 사귄다. (   )
3. 나는 사람들 앞에서 연설을 잘 한다. (   )
4. 나는 내가 믿는 바를 남이 믿도록 잘 설득한다. (   )
5. 나는 상대방에게 사물의 장면을 생생하고 정확하게 설명한다. (   )
6. 나는 토론을 통해 의견을 잘 조절한다. (   )
7. 나는 이야기를 통해 친구나 가족의 언행에 큰 영향을 준다. (   )

<2교시> 논리와 추리를 얼마나 즐기고 있을까?
1. 나는 조각 맞추기나 그림 배열하기 등의 퍼즐게임을 잘한다. (   )
2. 나는 사물에 대한 의구심이 생기면 끝까지 캐 봐야 한다. (   )
3. 나는 친구와 토론을 할 때 논리적으로 뒤진 적이 없다. (   )
4. 나는 어떤 문제나 사건이 발생하면 논리적으로 잘 따진다. (   )
5. 나는 사람들이 논쟁할 때 옳고 그름을 잘 판단한다. (   )
6. 나는 복잡한 것을 단순화해서 결론을 잘 이끌어 낸다. (   )
7. 나는 다툼이 생겼을 때 이를 잘 정리하고 조정한다. (   )

 0~5개 : 아직까지 법원에 관심이 없는 친구네요.
　　　　　　법원에 대해 좀 더 공부해 보는 것이 어떨까요?
6~10개 : 법원에서 하는 일에 소질이 있는 친구네요.
　　　　　　조금만 더 관심을 가져보세요.
10개 이상 : 법학이 적성에 딱 맞는 친구예요.
　　　　　　미래를 위해 열심히 노력해 보세요.

2. 법조인과 관련된 책을 읽고 법조인 되기 위해 어떤 노력을 할 수 있는지 생각해 봅시다. (실천한 항목엔 ∨표시 해 보세요.)

집에서		학교에서	
• 내 생각을 글로 써 보기	☐	• 법과 관련된 책 읽기	☐
• 가족들의 의견 중재 해 보기	☐	• 학교 규칙 지키기	☐
• 엄마를 설득해 보기	☐	• 친구와의 싸움 중재하기	☐
• 형제의 억울함을 들어주기	☐	• 친구들의 이야기를 끝까지 듣기	☐
• 무엇이든 끈기있게 도전하기	☐	• 전교 어린이회의 참석해 보기	☐
• 가족 앞에서 연설해 보기	☐	• 친구의 입장에서 생각하기	☐

실천하고 난 뒤 느낀 점을 말해 봅시다.

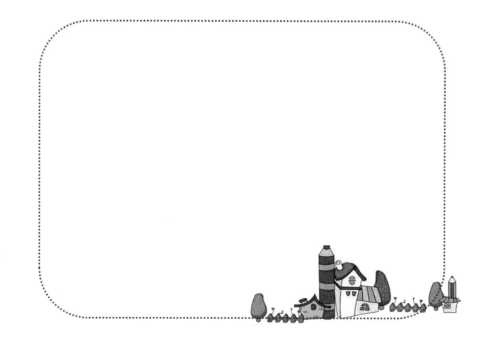

쉬어가는 코너　나를 찾아봐요

❖ 나의 성격

내 성격이 어떻게 바뀌었는지 생각해 봅시다.

연령	성격	성격 형성에 영향을 준 사람	성격 형성에 영향을 준 사건
0~5세			
6~10세			
11~13세			

제6장

디자이너

GO GO 꿈 속으로

잡지, 책, 신문 등을 보고 마음에 드는 사진을 찾아 붙여 봅시다. (옷, 신발, 액세서리, 생활용품, 집, 자동차 등 종류는 상관없어요.)

마음에 드는 사진을 모아 놓고 보니 기분이 어떤가요? 보기만 해도 행복해지나요? 나뿐만 아니라 보는 사람도 행복하게 만드는 아름다움의 세계로 한 번 떠나 볼까요?

디자이너가 되고 싶어요		
도서정보	또래나라/ 대교출판/ 1998년/ 51쪽/ 6,500원	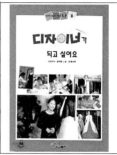
교과정보	「미술」	
진로정보	서비스/ 디자인. 예술/ 패션디자인	

어떤 책일까

　패션 디자이너 '홍미화'라는 인물을 중심으로 세계적인 패션 디자이너가 되기까지 과정으로 구성되었다. 따라서 이 글을 읽고 나면 일상생활 속에서 자신이 하고 싶은 일에 얼마나 관심을 가지고 있는지를 스스로 돌아보게 된다. 이러한 관심과 열정 그리고 끊임없는 창조적인 활동들이 성공의 열쇠인 것을 깨닫게 된다. 하고 싶은 일을 평생 하면서 세계적인 명성을 얻을 수 있다는 것은 그다지 쉽지는 않을 것이다. 그럼에도 불구하고 누구나 소망하는 일일 것이다. 이 책은 디자이너로서 삶을 보여주기 때문에 디자이너를 꿈꾸는 사람들에게 많은 도움을 주게 될 것이다.

무엇을 더 볼까 (진로 탐색)
　관련매체: 근현대디자인박물관 www.designmuseum.or.kr, 프랑크푸르트, 볼로냐
　　　　　　아동도서전시회, www.bookfair.bolognafiere.it
　관련도서: 『십대를 위한 직업 콘서트』 / 이랑 / 꿈결,
　　　　　　『내 인생을 바꾸는 세계의 일자리』 / 김준성 / 평단문화사

무엇을 이야기해 볼까 (진로 토론)
1. 디자이너의 손은 문화와 예술의 아름다움을 만들어 내는 예술가이다.
2. 디자이너는 미래의 유망 직업이다.

무엇을 해 볼까 (진로 활동)
　1. 디자이너의 활동 분야를 살펴보고, 미래를 전망해 본다.
　2. 각자 좋아하는 디자이너를 소개하고 그가 하는 일은 왜 중요하며 가치 있는지를
　　　조사하고 토론하고 보고서를 작성해 보자.

얼마나 가까울까 (진로 척도)

	1	2	3	4	5
1. 디자이너가 되고 싶어요.	1	2	3	4	5
2. 디자이너가 하는 일을 알 수 있어요.	1	2	3	4	5

준비됐나요?

1. 내가 좋아하는 디자이너는 누구인가요? 내가 좋아하는 디자이너를 소개해 보세요.

디자이너 사진 붙이기	디자이너의 프로필 정리해 보기

2. 디자이너 하면 생각나는 것을 말해 보세요.

책 속에 있어요

1. 파리의 공원 벤셍 숲에서 열린 색다른 패션쇼에 선보인 '슬프도록 행복한 옷'
   에는 어떤 것들이 있었나요?

> <보기> 동양으로부터, 세계 각국의 패션. 자연과 인생 그리고 천사들,
> 부드러우면서도 남성적인 느낌을 주는 숙녀복. 집안에서 입을 수 있는 실내복,
> 웨딩드레스 등
> 모두 여섯 부분에 해당하는 구체적인 사례를 아래에 나열해 보세요.

```
┌─────────────────────────────────┐
│                                 │
└─────────────────────────────────┘
              ▼
┌─────────────────────────────────┐
│                                 │
└─────────────────────────────────┘
              ▼
┌─────────────────────────────────┐
│                                 │
└─────────────────────────────────┘
              ▼
┌─────────────────────────────────┐
│                                 │
└─────────────────────────────────┘
              ▼
┌─────────────────────────────────┐
│                                 │
└─────────────────────────────────┘
              ▼
┌─────────────────────────────────┐
│                                 │
└─────────────────────────────────┘
```

2. 파리의 공원 벤셍 숲에서 열린 색다른 패션쇼에 선보인 '슬프고도 행복한
   옷'에 사용된 옷감은 어떤 것들이었나요?

3. 파리의 공원 벤셍 숲에서 열린 색다른 패션쇼 '슬프도록 행복한 옷'의 하이라이
   트는 무엇으로 볼 수 있나요?

깊게 생각해 봐요

1. 유명한 패션 디자이너 홍미화의 작품들을 감상해 보고 홍미화의 작품 특성에 대하여 생각하거나 느낀 점을 써 보세요.

2. 나도 유명한 패션 디자이너가 될 수 있어요. 패션 디자이너가 되기 위해 오늘부터 할 수 있는 일은 무엇인가요?

3. 내가 성공한 패션 디자이너가 되기 위해 20대에서 30대까지 하고 싶은 일들을 적어 보세요.

궁금해요 디자이너가 사는 세상		
도서정보	이나미・김수현・한솔이/ 창비/ 2010년/ 206쪽/ 9,500원	
교과정보	「미술」	
진로정보	서비스/ 디자인. 예술/ 자동차 디자인	

어떤 책일까

이 책은 직업탐색보고서 꿈을 향한 십대들의 인터뷰라는 소제목으로 시작된다. 중학생을 중심으로 이루어진 보고서 형식이지만 알기 쉬운 인터뷰로 대화처럼 쉽게 구성되어 있다. 성인들의 시각이 아니라 중학생들이 각 분야의 전문가들을 직접 인터뷰한 것을 바탕으로 알기 쉽게 정리가 되어 초등 고학년 학생들에게 쉽게 읽힐 것이다.

무엇을 더 볼까 (진로 탐색)
관련매체: 근현대디자인박물관 www.designmuseum.or.kr, 프랑크푸르트, 볼로냐 아동도서전시회,www.bookfair.bolognafiere.it, 하노이 국제자동차 박람회 www.iaa.de
관련도서: 『내 인생을 바꾸는 세계의 일자리』 / 김준성 / 평단문화사

무엇을 이야기해 볼까 (진로 토론)
 1. 디자이너의 손은 가격을 부풀리는 거품기가 아니라 문화와 예술의 아름다움을 만들어 내는 예술가이다.
 2. 자동차 디자이너는 자동차의 과학 원리에 대해서는 몰라도 상관없다.

무엇을 해 볼까 (진로 활동)
 1. 디자이너는 어느 분야에 종사하는지를 조사하여 소개하는 글을 써 보자.
 2. 각자 좋아하는 디자이너가 하는 일은 왜 중요하며 가치가 있는가를 조사하고 토론하고 보고서를 작성해 보자.

얼마나 가까울까 (진로 척도)

	1	2	3	4	5
1. 디자이너가 되고 싶어요.	1	2	3	4	5
2. 디자이너가 하는 일을 알 수 있어요.	1	2	3	4	5

준비됐나요?

1. 다음 디자이너에 대하여 알고 있는 내용을 써 보세요.

루크와 이상엽	

2. 자동차 디자이너 하면 생각나는 것을 말해 보세요.

책 속에 있어요

1. 책을 읽은 다음 질문에 대한 답을 한 문장으로 간단하게 정리해 봅시다.

질문1-디자인이란 무엇인가?

질문2-디자이너는 어떤 사람인가?

질문3-디자이너에게 필요한 재능은 무엇인가?

질문4-디자이너가 되는 길은 무엇인가?

질문5-미래의 디자이너는 어떤 역할을 할까?

질문6-앞으로의 디자인의 흐름을 전망한다면?

2. 다음 디자인 선진국의 디자인의 특징을 찾아서 정리해 보세요.

독일	밀라노	북유럽

3. 자동차 디자이너 김성룡이 디자이너를 꿈꾸는 미래의 꿈나무들에게 전하고
   싶은 말이 무엇인지 찾아서 정리해 보세요.

4. 이 책의 내용을 바탕으로 자동차 디자이너를 꿈꾸는 친구에게 김성룡을 소개
   하는 글을 써 보세요.

   (1) 가장 마음에 와 닿는 내용은 무엇인가요?

   (2) 어떤 면을 강조하고 싶은가요?

   (3) 김성룡을 소개하는 글을 써 보세요.

   친구야, 자동차 디자이너가 되고 싶다고 했지? 자동차 디자이너 중에서
   유명한 김성룡 디자이너에 대하여 알려 줄게.

깊게 생각해 봐요

1. 다음은 자동차 디자이너 김성룡과 인터뷰한 내용입니다. 내가 만약 김성룡과 같은 자동차 디자이너라면 어떤 대답을 했을지 (   ) 안에 알맞은 말을 써 보세요.

Q.질문 : 자동차 디자인만의 매력이라면? 또 자동차 디자이너로서 가장 기뻤던 때는 언제인지요?

A.김성룡 : 과거에 비해 국가 경쟁력이 많이 향상되었고 라이프스타일이 매우 다양해지면서 대중들의 감성에 어필할 수 있는 세련된 조형미가 더욱 중요한 요소로 부각되기 시작했습니다. 자동차는 크기가 일반 제품보다 매우 크지요. 움직이는 운송 수단으로서의 기능이 있지만 달리지 않을 때는 거리나 외부 환경, 그러니까 대중 공간에서 조형물로 간주되기도 합니다. 그러니 어느 각도에서 보더라도

자동차가 단지 달리는 기계로만 인식된다면 우리 일상은 매우 건조할 것입니다. 자동차 디자이너로서 가장 기뻤던 때라면 1992년도 포드사에서 근무할 때 제가 디자인한 '머스탱 마하3'이란 작품이 실제 콘셉트 카로 만들어져 이듬해 1월 디트로이트 모터쇼에 출품된 적이 있습니다. 평면 스케치가 실제로 형상화되어 실물로 만들어진 것이지요. 여러 언론 매체나 미디어로부터 좋은 평가를 받았을 때 무척 기뻤습니다.

---

2. 내가 만약 자동차 디자이너라면 다음과 같이 친구가 자동차를 주문하면 어떻게 디자인하고 싶은지 자동차를 디자인해 보세요.

친구야! 나의 남성적인 성향을 잘 드러내어서 디자인해 주렴. 여성적인 부드러움과 곡선미도 잘 살렸으면 좋겠어.

3. 디자인한 자동차의 특징은 무엇인가요? 이 자동차를 홍보하는 글을 써 보세요.

가슴 뛰는 내 일의 발견 십대를 위한 직업 백과	
도서정보	이랑/ 꿈결/ 2013년/ 458쪽/ 16,800원
교과정보	「미술」
진로정보	서비스/ 디자인, 예술/ 시각 디자인(그래픽 디자인)

어떤 책일까

　　『십대를 위한 직업 백과』는 <한겨레>에 연재했던 '이랑의 미래직업 탐방'과 '이랑의 꿈 찾는 직업이야기'중에서 학생들이 직업의 세계를 이해하면서 앞으로 도전하면 좋을 만한 직업들로 구성했다. 이중에 '디자인. 예술' 부분에서는 제품 디자이너, 자동차 디자이너, 시각 디자이너, 폰트 디자이너, 패션 디자이너, 일러스트레이터, 메디컬일러스트레이터, 컬러리스트, 캘리그래퍼, 예술제본가, 특수분장사, 하우스매니저, 작가, 만화가, 사진가 등으로 이루어져 있다. 제목 그대로 직업 백과인 것이다.

무엇을 더 볼까 (진로 탐색)
　관련매체: 근현대디자인박물관 www.designmuseum.or.kr
　　　　　　프랑크푸르트, 볼로냐, 아동도서전시회,www.bookfair.bolognafiere.it
　　　　　　런던 디자이너스 블록. www. designrsbiook.org.nk
　관련도서: 『국내를 넘어 글로벌 잡에서 희망을 찾다』 / 김준성 / 평단문화사
　　　　　　『초등 독서의 모든 것』 / 심영면 / 꿈결

무엇을 이야기해 볼까 (진로 토론)
　1. 시각 디자이너는 광고, 디스플레이, 포장 책 등의 매체에 시각적 이미지를 디자인한다.
　2. 시각 디자이너는 미래의 유망 직업으로 인기를 받고 있다.

무엇을 해 볼까 (진로 활동)
　1. 시각 디자이너는 어느 분야에서 주로 활동을 하는지 의견을 나누어 본다.
　2. 시각 디자이너는 미래에 유망한 직업이라는 사실을 예를 들어 의견을 나눈다.

얼마나 가까울까 (진로 척도)

	1	2	3	4	5
1. 시각 디자이너가 되고 싶어요.	1	2	3	4	5
2. 시각 디자이너가 하는 일을 알 수 있어요.	1	2	3	4	5

준비됐나요?

1. 내가 좋아하는 시각 디자이너는 누구인가요? 그 디자이너의 사진과 프로필을 작성해 보세요.

사진 붙이기	<프로필>

2. 시각 디자이너에 대하여 알고 있는 내용을 마인드맵 해 보세요.

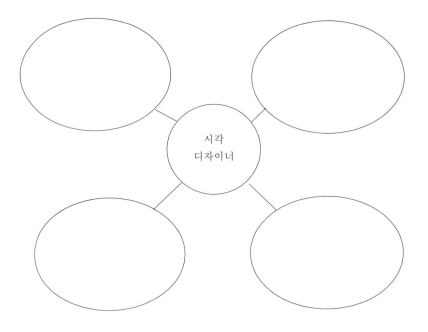

책 속에 있어요

1. 시각 디자인에 대하여 알게 된 내용을 정리하여 보세요.

(1) 시각 디자인이란 무엇인가?

(2) 전문 분야에 따라 시각 디자인의 종류를 나누어 보자.

(3) 시각 디자이너란 무엇인가?

(4) 광고 디자이너는 무엇을 하는가?

(5) 포장 디자이너는 무엇을 하는가?

(6) 편집 디자이너는 무엇을 하는가?

(7) 표지 디자이너는 무엇을 하는가?

2. 이 책의 내용을 보고 시각 디자이너가 되기 위해 선택해야 하는 대학에는 어떤 것들이 있으며 배우는 내용은 무엇인지 찾아 정리하세요.

선택 학과	배우는 내용

3. 시각 디자이너에게 가장 중요한 것은 무엇일까요?

4. 인상 깊은 영화 포스터를 찾아보고 어떤 점이 인상 깊었는지 이야기해 보세요.

깊게 생각해 봐요

1. 내가 읽은 동화책 중에서 가장 감명 깊은 책을 골라 직접 디자인해 보세요.

(1) 디자인해 보고 싶은 책의 이름은 무엇인가요? (   )

(2) 책의 표지를 다시 디자인해 보세요.

2. e북 디자이너가 미래에 유망 직업이 될 것이라고 전망하고 있습니다. e북의 장점과 단점을 찾아 정리해 보세요.

3. 내가 좋아하는 생활용품의 광고를 디자인해 보세요.

(1) 내가 좋아하는 생활용품은 무엇인가요? (   )

(2) 그 물건을 광고하는 디자인을 해 보세요.

4. 미래의 꿈이 시각 디자이너인 친구를 위해 책을 통해 알게 된 내용 '색깔마다 다른 느낌'에 대하여 알려 주는 글을 써 보세요.

내 꿈에 도전하기

디자이너가 되려면

　책을 통해 패션 디자이너, 자동차 디자이너, 시각 디자인에 대하여 알아보았습니다. 가장 관심 있는 디자이너는 무엇인가요? 디자이너가 되기 위해 노력해야 할 점에 대하여 정리해 보세요. 세 가지 중에 한 가지를 골라 실천해 보고 소감을 써 보세요. 실천한 항목엔 ∨ 표시해 보세요.

집에서		학교에서	
패션 디자이너			
• 옷감의 종류와 재질을 계절이나 생활공간과 연관시켜 살펴보기	☐	• 패션 스타일화나 패션디자인화에 대한 책 읽기	☐
• 옷들을 관찰해서 그리기	☐	• 옷 만드는 순서 익히기	☐
• 패션 디자인화나 스타일화를 그려보기	☐	• 옷 만드는데 필요한 도구들 조사하기	☐
• 옷본을 만들어 보기	☐	• 패션 디자이너로서 갖추어야 할 교양서적 조사하여 목록 만들기	☐
• 인형옷 만들기, 직접 옷 만들어 보기	☐	• 유행하는 패션을 연대와 국가별로 정리하기	☐
• 다양한 패션들의 사진을 모으기	☐	• 나이에 따른 인생설계를 꼼꼼히 해서 적어 두며 실천하기	☐
자동차 디자이너			
• 모형 자동차 모아 진열하기	☐	• 자동차와 관련 된 책 읽고 정리하기	☐
• 자동차 관찰해서 그리기	☐	• 인체공학에 대해 관심 가지기	☐
• 자동차와 관련된 모든 글들을 스크랩하고 정리하기	☐	• 환경에 대해 관심 가지기	☐
• 다양한 모델의 자동차 사진 모으기	☐	• 세계적으로 유명한 자동차 디자이너에 대해 스크랩하고 관련 글 읽기	☐
• 다양한 모델의 자동차 사진 찍어서 현상하기	☐	• 꿈을 실현하기 위해 관련 학과에 대한 정보 검색 및 입학 준비에 필요한 자료 정리해 두기	☐
• 직접 자동차를 디자인해서 그리기. 계속적인 반복	☐	• 자동차로 인해 발생하는 사회적, 환경적, 에너지 문제를 스크랩하고 문제 해결 방법에 대해 정리해 보기	☐

시각 디자이너			
• 어떤 목적과 정보를 시각적으로 디자인해서 감동과 호기심과 사실의 핵심을 전달하기 위한 작은 디자인집 준비하기	☐	• 각각 색깔과 도형 등이 주는 의미와 사회, 문화적 상징을 정리해 보기	☐
• 간단한 광고디자인을 직접해 보기. 수없이 많이	☐	• 사진 찍기 이론 배우기	☐
• 영화 광고디자인이나 상품광고 디자인을 보고 응용해서 그려 보기	☐	• 일러스트집이나 컴퓨터 그래픽을 보며 특징 파악하기	☐
• 다양한 광고디자인이나 책표지 디자인, 포장 및 패키지 디자인을 모으거나 사진으로 찍어서 모으기	☐	• 디자인된 것들을 모아서 보며 이러한 것들이 대중들에게 어떻게 보일 수 있을까 추측하여 정리하기	☐
• 모은 디자인집과 직접 그린 디자인집을 보며 한 개마다 지닌 특징과 수정해야할 점을 메모하기	☐	• 시각 디자인과 시각멀티 디자인과 시각정보 디자인과 공업 디자인이 무엇인지 이해하기	☐
• 사진이나 영상 자료집을 만들어 보기	☐	• 시각 디자인을 전공할 수 있는 권위 있는 대학이나 학원이나 선생님을 알아 두기	☐

 쉬어가는 코너   **나를 찾아봐요**

❖ 흥미와 적성

1. 나의 흥미 알아보기

자신의 과거, 현재, 미래의 활동을 생각하면서 자신의 흥미를 분석해 보세요.

흥미	과거	현재	미래	흥미정도 (상, 중, 하)
창의적인 새로운 것을 만드는 일을 한다.				
시, 문학 등 문예 활동을 한다.				
자연의 법칙과 원리에 관심이 많다.				
식물이나 동물을 다루는 일을 한다.				
사회에 관심을 갖는다.				
기계 다루는 것을 좋아한다.				
컴퓨터 분야를 좋아한다.				
집단을 이끄는 일을 한다.				
다른 사람에게 봉사한다.				
사무적인 일을 한다.				
운동을 한다.				
노래와 악기등의 음악 활동을 한다.				
그림 그리기 등의 미술 활동을 한다.				

2. 역사 속에서 나의 적성 알아보기

가족들이 나를 소개할 때 칭찬한 점은?

나의 재주와 관련된 별명은?
별명이 주는 의미는?

나의 교과목 성격은 과목별로 어떻게 다른가?
-3년 이상의 성격의 변화를 참고하여-

과목간 성격 차이의 원인 무엇이라고
생각하는가?

제7장
방송인

GO GO 꿈 속으로

1. '방송국' 하면 무엇이 떠오르나요? 그것을 바탕으로 삼행시를 지어 보세요.

2. 원하는 꿈을 이루고 사는 사람들의 표정은 어떠할까요? 20년 후 나의 꿈이 이루어져서 방송인으로 TV에 나와 인터뷰를 한다면 무슨 말을 하고 싶은가요? 나의 모습을 상상하여 그려 보고, 하고 싶은 말을 써 보세요.

채널 고정, 시끌벅적 PD 삼총사가 떴다		
도서정보	태미라/ 한겨레 아이들/ 2010년/ 151쪽/ 11,000원	
교과정보	「실과」「국어」	
진로정보	아나운서 및 리포트	

어떤 책일까

  이 책은 방송과 관련된 꿈을 찾아가는 어린이들에게 다양한 직업의 길을 열어 준다.
  방송국에는 PD를 돕는 많은 제작진과 작가, 배우, 기자 들이 있다. 주인공 어린이의
체험 이야기를 통해 자연스레 그 분야의 여러 직업들을 보여준다. 이야기를 따라가며
자연스레 방송과 관련된 직업을 이해하게 된다. 방송국 편에서는 <위기탈출 넘버원>
<유희열의 스케치북> PD 이세희, KBS 9시 뉴스 아나운서 정세진, 사회자 김제동, 드라마
<파스타> 작가 서숙향 등 현재 방송국에서 활동하고 있는 분들의 이야기를 통하여 방송인
의 마음가짐과 필요한 기술이 무엇인지 알 수 있다. '진짜' 직업의 세계를 이야기 한다.

무엇을 더 볼까 (진로 탐색)
관련매체: MBC 아나운서 아카데미 http://www.mbcac.com/jsp/index.jsp
관련도서: 『어린이 꿈 발전소: 방송국』 김승렬 / 국일아이
         『코코의 첫 뉴스』 이미애 / 한얼에듀

무엇을 이야기해 볼까 (진로 토의)
 1. 방송 사회자에게 필요한 능력에 대하여 알아보자.
 2. 사회자가 갖추어야 할 마음가짐에 대하여 알아보자.

무엇을 해 볼까 (진로 활동)
 1. 방송국 관련 직업과 관련된 나의 강점과 약점에 대하여 알아보자.

얼마나 가까울까 (진로 척도)

1. 아나운서가 될 수 있어요.	1	2	3	4	5
2. 아나운서보다 더 맞는 직업을 찾을 수 있어요.	1	2	3	4	5

준비됐나요?

❖ 텔레비전을 켜면 항상 무엇인가가 나오고 있습니다. 뉴스라던가 오락 프로그램
이라든가 또는 드라마 등등 다양한 프로그램이 나옵니다. 텔레비전 방송과 관련
하여 많은 사람들이 일하고 있습니다.

1. 내가 가장 좋아하는 텔레비전 프로그램은 무엇인가요?

2. 방송국에 가면 방송과 관련하여 서로 다른 일을 하는 사람들이 많이 있습니
다. 내가 좋아하는 프로그램 하나가 완성되기까지는 많은 사람들이 함께 일을
합니다. 어떤 일을 하는 사람들이 필요한지 마인드맵으로 정리해 보세요.

좋아하는
프로그램 명

3. 방송국에 견학을 가서 인터뷰를 할 수 있다면 만나고 싶은 사람은 누구인가
요?

만나고 싶은 사람

그 사람이 하는 일

하고 싶은 질문

책 속에 있어요

1. 방송 무대 위에서 교통경찰의 역할을 하는 사회자는 크게 무엇과 무엇으로 나눌 수 있나요?

(빈 칸)

2. 'MC 김제동의 인터뷰'에서 김제동씨가 사회자라서 괴로웠던 경험은 무엇이라고 했나요?

(빈 칸)

3. 아나운서는 뉴스를 전달하는 사람으로 알려졌지만, 오늘날 아나운서는 뉴스뿐만 아니라 각종 프로그램을 진행하는 등 날이 갈수록 그 활동 영역이 넓어지고 있습니다. 아나운서의 다양한 활동 영역을 찾아 써 보세요.

(빈 칸)

4. '정세진 아나운서 인터뷰'에서 정세진 아나운서가 다음과 같이 느꼈을 때는 어떤 경우였는지 정리하여 보세요.

아나운서 정말 좋아

(빈 칸)

아나운서로서 찌끔 괴로웠어.

(빈 칸)

깊게 생각해 봐요

1. 사회자를 '무대 위의 연출자'라고 비유합니다. 사회자가 무대 위의 연출자가 되기 위해 갖추어야 할 능력에는 어떤 것들이 있을지 친구들과 함께 이야기를 나눈 후 정리하여 보세요.

   (1) 돌발 상황에 대처하기 위해

   (2) 시청자의 마음을 사로잡기 위해

   (3) 방송을 통해 말을 전달하는 직업인으로서

2. 사회자 김제동은 사회자의 역할을 다음과 같이 말하였습니다. 사회자에게 필요한 마음가짐은 무엇이라고 생각하나요?

   사회자는 집주인이 되는 겁니다. 그래서 나를 찾아온 손님들을 신나게 만들어 주는 사람, 손님들이 잘 놀 수 있도록 멍석을 깔아 주는 사람이죠. 집주인은 손님이 오시면 너무 떠들면 안돼요. 들어 주고 웃어 주고, 유능한 사회자들은 다 그렇습니다. 기본적으로 사람을 편안하게 해 주고, 어떤 얘기를 해도 들어 줄 것 같은 그런 존재가 돼야 해요.

   <사회자로서 필요한 마음가짐>

3. 방송국에는 다음과 같이 다양한 일들을 하는 사람이 있습니다. 내가 가장 관심이 가는 일은 무엇인지 찾아보세요.

> 프로듀서(PD), 기자, 의상 전문가, 분장사, 무대 디자이너, 가수, 작가, 소품실 관리사,
> 아나운서, 카메라 감독, 영상 디자이너, 기자, 성우, 캐스팅 디렉터, 로케이션 매니저

(1) 가장 관심과 흥미를 느끼는 일은 무엇인가요?

(2) 그 까닭은 무엇인가요?

(3) 그 일과 관련지어 나의 강점과 약점을 생각해 보고, 다음 표에 정리해 보세요.

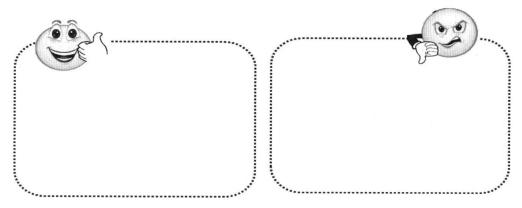

4. 방송인 꿈을 이루기 위해 내가 새롭게 개발해야 할 기술에는 무엇이 있는지 써 보세요.

내일을 상상해 봐 오프라 윈프리	
도서정보	신영란/ 문이당어린이/ 2012년/ 196쪽/ 9,800원
교과정보	「국어」
진로정보	연극·영화 및 영상 전문가/ 매니저 및 기타 문화·예술 관련 종사자

어떤 책일까

　　오늘날 전 세계인에게 '토크 쇼의 신화'로 불리며 닮고 싶은 여성 인물 1위로 선정된 오프라 윈프리가 마약과 알코올 등 비행을 일삼으며 불안정한 사춘기를 이겨내고, 자신의 이름을 내건 《오프라 윈프리 쇼》를 통해 전 세계인이 시청하는 최고의 토크 쇼 진행자로서 '토크 쇼의 여왕'으로 불리게 된 과정을 소개하고 있는 책이다.

　　많은 사람의 관심과 사랑으로 자신이 성공했다고 믿었기에 다양한 분야에서 '자선사업'을 펼쳐 어려운 이웃들에게 '긍정 메시지'를 전달하고 있는 오프라 윈프리의 모습을 통해 인기를 얻은 방송인이 가져야 할 가치관이나 자세에 대해 배울 수 있다. 또한 어려운 상황 속에서도 자신의 꿈을 포기하지 않고 끝까지 이뤄 낸 오프라 윈프리의 도전정신과 인내심을 엿볼 수 있다.

무엇을 더 볼까 (진로 탐색)

　관련매체: 오프라 윈프리 공식 홈페이지 (http://www.oprah.com)

　관련도서: 『WHO 오프라 윈프리』 / 안형모 / 다산어린이

무엇을 이야기해 볼까 (진로 토론)

　1. 연예인은 무엇보다도 외모가 예뻐야 한다.

　2. 내가 하고 싶은 일(연예인)과 나의 성격이 맞지 않다면 그만두어야 한다.

무엇을 해 볼까 (진로 활동)

　1. 방송인이 갖추어야 할 자질에는 어떤 것이 있는지 글로 써 보자.

　2. 나의 이름이 적힌 '000쇼'를 만들어 내가 진행한다면 어떤 사람들과 어떤 이야기를 나누고 싶은지 생각해 보자.

얼마나 가까울까 (진로 척도)

	1	2	3	4	5
1. 방송인이 되는 과정을 알 수 있어요.	1	2	3	4	5
2. 방송인이 갖추어야 할 마음가짐을 알 수 있어요.	1	2	3	4	5

준비됐나요?

❖ 나도 오프라 윈프리처럼 내 이름을 건 '○○○쇼'를 제작한다면 어떤 사람들을 초대해서 어떤 이야기들을 나눠 보고 싶은지 상상해 보세요.

1. 나는 방송국에서 어떤 일을 하는 사람인가요? 내 얼굴을 그려 넣고 쇼의 내용을 넣어서 플래카드를 완성하여 보세요.

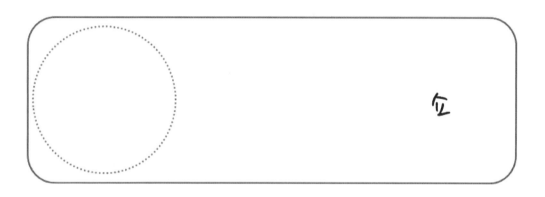

2. 초대하고 싶은 사람은 누구이며, 그와 무슨 이야기를 나누고 싶은가요?

책 속에 있어요

1. 오프라 윈프리에 대해 가장 기억에 남았던 사건을 떠올려 보세요.

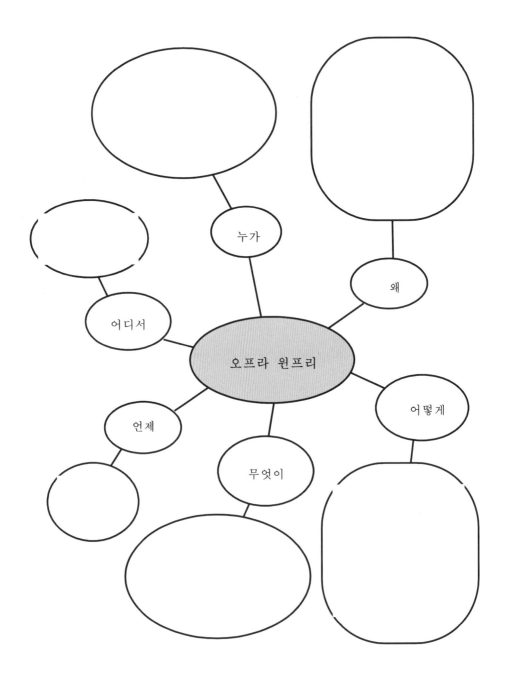

2. 앵커로써 오프라 윈프리의 부족한 부분은 무엇이었나요? (　　　)

　① 자신감　② 냉정함　③ 다른 사람을 배려하는 마음　④ 지식　⑤ 외모

3. 오프라 윈프리의 단점이 장점으로 바뀌게 된 계기는 무엇인가요?

4. 불행한 과거를 대하는 오프라 윈프리의 태도는 어떠했나요?

대신에

★ 여기서 잠깐!

　MC는 어떤 말의 약자일까요?　　　　　(　　　　　　　)

정답은 Master of Ceremonies입니다. 어떤 의식이나, 행사, 대담과 좌담 프로그램 등의 진행자를 뜻해요. MC는 주연이 아니라 주연을 빛나게 해 주는 조연이므로 '말을 잘 하는 사람' 이 아니라, '말을 잘 하도록 도와주는 사람'이에요.

5. 오프라 윈프리의 성격을 생각나는 대로 적어 봅시다.

6. 오프라 윈프리의 이러한 성격이 방송 활동에 끼친 영향(좋은 영향, 나쁜 영향 둘 다)에 대해 생각해 봅시다.

좋은 영향을 미친 성격 (P)	나쁜 영향을 미친 성격 (M)
방송 활동에 끼친 영향	

★ 여기서 잠깐!
방송인에게 필요한 것이 <u>아닌</u> 것은 무엇일까요? (   )
① 남과 다른 시각으로 바라보는 독창성   ② 바른 언어 습관
③ 화려한 말솜씨와 빼어난 외모   ④ 다양한 경험   ⑤ 책 많이 읽기

정답은 ③번입니다. 오프라 윈프리가 화려한 말솜씨와 빼어난 외모로 뛰어난 방송인이 된 것은 아니죠?

깊게 생각해 봐요

❖ 다음 대화를 보고 물음에 답하세요.

> 철수와 영희가 수업이 끝나고 쉬는 시간에 이야기를 나누고 있습니다.
>
> 영희: 철수야, 넌 꿈이 뭐야? 난 연예인이 될 거야! 춤추고 노래하는 게
> 난 너무 좋아
> 철수: 연예인은 아무나 되냐? 넌 못생겨서 안 돼.
> 영희: 요즘 연예인이 외모만 가지고 되는 줄 알아? 잘 생기거나 예쁘지
> 않아도 인기 많은 연예인이 얼마나 많은데…….
> 철수: 안 예쁘면 인기 없거든? 우리 반 아이들도 멋지거나 예쁜 연예인만
> 좋아하잖아. 넌 안 돼.
> 영희: 너 정말!

1. "연예인은 무엇보다도 외모가 예뻐야 한다."라고 생각하는 친구들이 많습니
   다. 연예인이 갖추어야 할 조건에 대해 생각한 후 친구들과 돌아가면서 이
   야기해 보고, 나와 같은 의견과 다른 의견이 무엇인지 들어볼까요?

이 름	의 견

2. 이 책에서 가장 인상적인 부분을 찾아본 후, 연예인을 꿈꾸는 친구에게 전해 주고 싶은 내용이 무엇인지 생각해 보세요. 그리고 그 친구를 위해 전하고 싶은 내용을 넣어서 4컷 만화를 그려 보세요.

(1) 가장 인상적인 장면은 무엇인가요?

(2) 친구에게 전하고 싶은 내용은 무엇인가요?

(3) 전하고 싶은 내용을 넣어서 만화를 그려 보세요.

	방송인이 될 테야	
도서정보	오세경/ 여원미디어/ 2011년/ 44쪽/ 9,500원	
교과정보	「사회」	
진로정보	감독 및 기술 감독	

어떤 책일까

　　만화 형식의 글과 그림으로 하는 일은 다르지만 유익하고 재미있는 한 편의 프로그램이 만들어지기까지의 생생하고 흥미진진한 이야기가 담겨 있다.
　　크리스마스 특집 프로그램을 만드는 과정을 통해 치열한 방송 PD의 세계가 펼쳐지고, 역사극에 왕비도 출연하기 위해 연기연습과 분장 등에 노력하는 연기자, 빠르고 정확한 소식을 전해 주기 위해 일하는 앵커, 좋은 화면을 만드는 촬영 감독, 수많은 소리가 방송에 잘 어울리게 하는 음향 감독 등, 방송프로그램을 위해 열심히 일하는 방송인의 삶을 알 수 있다. 많은 사람들의 협력이 필요한 복잡한 방송 제작과정을 차근차근히 설명하여 방송인을 꿈꾸는 아이들에게 어떤 분야를 어떻게 준비를 해야 하는지 알려 준다.

무엇을 더 볼까 (진로 탐색)
　관련도서: 『행복을 연출하는 방송 PD』 / 노지영 / 주니어랜덤
　　　　　　『소심한 미호 방송 PD 되다』 / 신승철 / 주니어김영사

무엇을 이야기해 볼까 (진로 토론)
　1. 많은 초등학생의 장래가 연예인이라면 방송 출연 횟수가 더 많아져야 한다.
　2. 방송인을 꿈꾸지 않는 어린이는 텔레비전을 보지 않는 것이 좋다.

무엇을 해 볼까 (진로 활동)
　1. 방송관련 일을 하는 사람들 중에서 가장 관심있는 분야에 대해 조사하고, 설명의 글을 써 보자.
　2. 내가 닮고 싶은 방송인을 골라 소개하고 존경하는 까닭을 글로 써 보자.

얼마나 가까울까 (진로 척도)

	1	2	3	4	5
1. 이 일을 해 보고 싶어요.	1	2	3	4	5
2. 이 일을 잘할 수 있어요.	1	2	3	4	5

준비됐나요?

1. 방송국에는 어떤 직업들이 있을까요? 방송국 모습을 상상해 보고 그 속에 숨어 있는 직업을 찾아 써 보세요.

2. 앵커는 종합 뉴스의 진행자로 시청자에게 정확하게 뉴스를 전달하는 사람이고, 교양 프로그램 MC는 시청자에게 지식이나 정보를 전달하는 일을 합니다. 각 역할에 따라 필요한 자질이 무엇인지 생각해 보세요.

앵커

교양 프로그램 MC

책 속에 있어요

1. 다음은 녹화장에서 볼 수 있는 장면입니다. 알맞은 내용을 찾아 ○로 표시
   해 보세요.

● PD는 스튜디오를 누비며 진행을 한다.	——————— (　　)
● 프롬프터가 계속 앵커의 대본을 띄워 주고 있다.	——————— (　　)
● PD는 녹화가 끝나면 테이프를 편집실로 옮긴다.	——————— (　　)
● 조연출은 연출자를 돕는 역할이다.	——————— (　　)
● 구성 작가는 프로그램 내용에 맞게 대본을 쓴다.	——————— (　　)

2. 다음 빙고 칸에 직업과 관련이 있는 낱말이나 직업명을 넣고 완성한 후, 친구
   들과 빙고게임을 해 보세요.

(1) 프로듀서

회의실	컷	드라마
밤샘	피디 (PD)	
		예능

(2) 앵커

	인터뷰	
생방송	앵 커	진행
큐시트	프롬프터	

3. 시상식에서 탤런트나 영화배우와 같은 연기자들이 수상 소감을 말할 때 항상 빠지지 않는 감사의 말이 있습니다. 그 중 하나는 "같이 고생을 한 스태프(제작진) 여러분께 감사드립니다."라고 합니다. 여기서 스태프는 어떤 사람들인지 써 보세요.

(1)	(2)
(3)	(4)

4. 이 책에 소개된 내용에 PD의 역할과 관련된 것에 ○라고 표시해 보세요.

방송 아이템 찾기	촬영한 것 방송용으로 편집하기	생방송, 녹화 방송하기
제작, 연출 보조하기	의상, 세트 디자인 의뢰하기	방송 대본 완성하기
외국 영화 등을 우리말로 더빙해서 만들기	방송 프로그램 계획 짜기	촬영 장소 정하기

★ 여기서 잠깐!

방송국에 있는 PD들이 모두 똑같은 일을 하는 것은 아니랍니다. 프로그램을 만드는 것에 따라 PD가 하는 일도 달라지죠. 다양한 PD의 종류에 대해 알아봅시다.

하는 역할	하는 일
예능 PD	쇼 오락 프로그램 제작
시사·교양 PD	사회의 사건, 사고, 자연, 과학, 교육, 역사들의 분야를 취재하고 보도
스포츠 PD	스포츠의 생생함을 전달하고, 진행. 스포츠와 관련된 프로그램 제작
드라마 PD	드라마 제작, 배역 및 촬영지 선정, 연기 지도
라디오 PD	라디오에서 음악, 시사, 뉴스 프로그램 제작
영화 PD	외국 영화나 드라마를 우리말로 바꿔 녹음, 영화 장면 편집

예문 참고 『행복을 연출하는 방송PD』, 노지영, 주니어랜덤

5. 텔레비전을 통해 보는 연속극이나, 무대가 있는 연극, 영화관에서 상영하는 영화의 공통점과 차이점을 정리해 보세요.

6. 영화에서는 감독, 방송에서는 피디가 있습니다. 영화를 제작할 때와 방송을 제작할 때의 두 직업의 공통점과 차이점에 대하여 설명하는 글을 써 보세요.

깊게 생각해 봐요

1. 촬영 감독이 하는 일을 조사해보고 촬영 감독이 하는 일을 정리해 보세요. 그리고 즐거운 점과 힘든 점이 무엇일지 상상하여 써 보세요.

| 하는 일 | 즐거운 점 | 힘든 점 |

2. 내가 만들고 싶은 방송 프로그램을 구상해 보고, 프로그램의 내용, 운영 방법, 출연자들에 대한 계획서를 마인드맵으로 작성해 보세요.

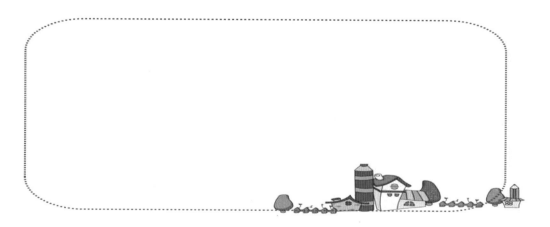

★ 더 알고 싶다면?
방송기술저널 http://www.kobeta.com
피디저널 http://www.pdjournal.com/
한국아나운서연합회 http://www.announcer.or.kr/
한국기자협회 http://www.journalist.or.kr/
필름메이커 http://www.filmmakers.co.kr/
관련 잡지 : 방송과 기술, 씨네 21, 맥스무비

 내 꿈에 도전하기

1. 먼 훗날 방송국에서 일하고 싶나요? 어떤 일을 하고 싶으며 그 까닭은 무엇인지 생각해 보세요.

하고 싶은 일	그 까닭

2. 20년 후, 방송국에 지원하기 위하여 자기 소개서를 쓰려고 합니다. 20년 동안 방송인이 되기 위해 노력했던 점을 바탕으로 나의 프로필이 더 잘 드러나게 소개서를 작성해 보세요.

자기 소개서

쉬어가는 코너　나를 찾아봐요

❖ 가치관 경매시장

	내가 갖고 싶은 것	순위	예산금	구입액
1	새로운 지식이나 아이디어를 구상할 수 있는 일			
2	다른 사람의 복지를 위해 공헌할 수 있는 기회			
3	오랜 기간 일할 수 있는 안정성			
4	독창적인 일을 하는 것			
5	통솔력 있는 지위와 영향력을 가지는 일			
6	새로운 기계를 사용하는 일			
7	국제적인 명성과 인기를 얻는 일			
8	보고 싶은 책들을 살 수 있는 상품권			
9	선생님과 부모님 말씀 잘 듣는 것			
10	신체적 질병이 없이 오래 사는 것			
11	편견이 없는 세상			
12	원하는 것을 할 수 있는 자유			

❖ 가치관 경매 결과 요약

돈을 가장 많이 주고 사려고 한 순위	돈을 가장 많이 주고 산 것의 순위
1. 2. 3.	1. 2. 3.

제8장

운동선수

GO GO 꿈 속으로

내가 만약 운동선수가 된다면

　나는 국가 대표팀에 선발된 유명 농구선수입니다. 나의 등번호는 23번이고 전국 대학농구에서 50번이나 연이어 우승하는 기록을 세워 '슛 도사'로 불립니다. 지금은 농구의 황제 마이클 조던 밑에서 농구를 배우고 있습니다. 유명해진 뒤에도 하루에 슛을 1,000개씩 연습하는 연습벌레입니다.

　만약 내가 이와 같은 유명한 농구선수가 되어 명함을 만든다면? (여러분의 상황에 맞게 고쳐 쓰세요.)

얼굴 사진 붙이기	이름: 직함: 학력: 경력: 주소: 연락처:

who? 김연아		
도서정보	오영석/ 다산어린이/ 2014년/ 188쪽/ 12,800원	
교과정보	「체육」 「도덕」	
진로정보	운동선수/ 스케이트선수	

어떤 책일까

피겨 불모지 대한민국에서 태어난 7살 꼬마 김연아는 올림픽 놀이에서도 롤 모델인 미쉘 콴의 역할을 진지하게 하며 뜨거운 열정을 키운다. 그녀는 타고난 능력에 자만하지 않고 누구보다 열심히 노력했던 연습벌레로 '교과서 점프'라는 평을 듣는다. 내성적이었던 그녀는 감정표현연습을 통한 표현력과 단련된 기술력으로 피겨4대 국제대회에서 모두 우승, 세계 신기록을 열한번이나 달성하여 살아있는 전설이 된다.

책 속의 부록인 인물백과에서는 김연아의 성공열쇠, 동계올림픽의 모든 것, 우리나라를 빛낸 스포츠 스타들, 피겨스케이팅의 모든 것, 아름다운 스승과 제자, 세기의 라이벌이 사진과 함께 소개되고 '생각마당' 코너를 통한 독후활동은 진로활동에 도움을 준다.

무엇을 더 볼까 (진로 탐색)
관련매체: 대한빙상경기연맹 (http://www.skating.or.kr)
관련도서: 『김연아의 7분 드라마』 / 김연아 / 중앙출판사

무엇을 이야기해 볼까 (진로 토론)
1. 꿈을 이루는 과정에서 진정한 라이벌은 필요하다.
2. 선수로 성공한 후에는 사회에 후원금을 기부하고 어려운 이웃을 도와야 한다.

무엇을 해 볼까 (진로 활동)
1. 훌륭한 선수가 되려고 먼저 기본기에 충실했던 선수들의 이야기를 써 보자.
2. 피겨스케이트 선수에 대해 새롭게 알게 된 부분에 대해 이야기해 보자.

얼마나 가까울까 (진로 척도)

	1	2	3	4	5
1. 피겨스케이트 선수가 되고 싶어요.	1	2	3	4	5
2. 피겨스케이트 선수가 하는 운동을 알 수 있어요.	1	2	3	4	5

준비됐나요?

1. 겨울에 하는 운동 중에서 내가 좋아하는 겨울 운동 한 가지를 골라서 소개
   하는 글을 써 보세요.

사진 붙이기	

2. '김연아' 하면 생각나는 것을 말해 보세요.

3. 만약 김연아 선수를 만나게 되면 가장 묻고 싶은 것은 무엇인가요?

책 속에 있어요

1. 동계올림픽 종목이 <u>아닌</u> 것은 무엇인가요? (　　)
   ① 컬링　　　② 아이스하키　　　③ 발레　　　④ 봅슬레이

2. 피겨 스케이팅의 기술이 <u>아닌</u> 것은 무엇인가요? (　　)
   ① 점프　　　② 드리블　　　③ 스핀　　　④ 컴비네이션

3. 다음 (　)안에 들어갈 말을 <보기> 에서 찾아보세요.

   > ─────────── <보기> ───────────
   > 록산느의 탱고, 셰에라자드, 죽음의 무도, 종달새의 비상

   (1) 데이비드 윌슨과 연아가 처음으로 함께한 프로그램으로 (　　　　　　)은(는)
   새가 날아오르거나 가만히 날개를 파닥이는 듯 섬세하고 예쁜 동작으로 가득
   했다.

   (2) 2009년 미국 로스앤젤레스에서 열린 세계 피겨 선수권대회에서 김연아가 선택한
   (　　　　　　　　)는(은) 슬픈 운명을 지닌 페르시아 왕비의 이야기가 담긴 아름
   다운 음악이다.

4. 내가 만약 운동선수가 되고 싶다면 누구를 롤 모델로 하고 싶은가요? 김연
   아 선수는 롤 모델을 미셸 콴 선수로 정하고 그 선수의 멋진 연기를 수도 없
   이 보고, 흉내 내며 따라하며 그 선수에 대한 내용을 일기에도 썼다고 합니다.
   김연아 선수처럼 나의 롤 모델로 삼고 싶은 사람에 대하여 일기를 써 봅시다.
   그 사람의 사진을 찾아 붙이고 롤 모델로 삼고 싶은 까닭을 자세하게 써 보세요.

   사진

깊게 생각해 봐요

1. 김연아 선수는 아사다 마오 선수에게 진 후에 '왜 하필 나랑 같은 시대에 태어난 거야?'라고 원망하면서 괴로워도 했지요. 김연아 선수의 라이벌은 바로 일본의 아사다 마오 선수였습니다. 두 선수는 서로 신경전을 벌이기도 했지만, 사실 피겨의 길을 함께 걷는 동료로 서로 부러워하면서 선의의 경쟁을 하는 관계입니다.

    라이벌이라고 반드시 적이 되는 것은 아닙니다. 진정한 라이벌은 서로에게 자극제가 되어 서로를 발전시킵니다. 나도 라이벌로 정하고 싶은 부러운 친구가 있나요? 그 친구에게 다음 내용을 넣어서 편지를 써 보세요.

(들어갈 내용: 친구의 장점과 나의 약점을 인정하기. 서로에게 좋은 라이벌이 되자는 약속의 내용)

2. 김연아 선수가 아사다 마오 선수를 이겼어요. 그러나 김연아 선수는 마음 놓고 웃을 수 없었어요. 왜냐하면 속상해 할 마오의 마음을 누구보다 잘 알고 있기 때문입니다. 김연아 선수가 되어 아래의 내용을 넣어 마오 선수를 위로 하는 글을 써 보세요. (들어갈 내용: 마오의 장점은 트리플 악셀 기술이고, 2011년 어머니가 돌아가심. 김연아는 힘들 때 마오를 생각함. 같은 종목이기 때문에 서로를 이해함.)

경기 결과 때문에 속상해 할 마오의 마음을 누구보다 잘 알고 있었기 때문입니다.

3. 우리나라는 피겨 스케이팅의 현실은 선수 전용 링크는 단 하나도 없는 형편입니다. 그러다 보니 어린 꿈나무들은 빈 시간을 찾아 새벽과 저녁 늦게 빈 곳을 찾아 이 곳 저 곳 옮겨 다녀야 합니다. 그래서 김연아는 피겨 훈련을 위해 아침 일찍 일어나야 했어요. 만약 내가 김연아 선수의 입장이라면 어떻게 훈련을 했을지 상상하여 써 보세요.

(그림 제공-스튜디오 다산)

- 171 -

who? 마이클 조던		
도서정보	김승민/ 다산어린이/ 2013년/ 177쪽/ 12,800원	
교과정보	「체육」	
진로정보	운동선수, 농구선수	

어떤 책일까

　　어릴 적 사고뭉치였던 마이클 조던은 키가 작고 평범한 아이였지만 끈기와 노력 농구에 대한 사랑으로 타고난 재능이 없어도 노력하면 누구나 성공할 수 있다는 것을 보여준다. 어린 마이클 조던은 처음엔 야구선수를 꿈꾸었으나 23번의 등번호를 달고 '농구의 황제'가 되기까지는 승승장구했던 것은 아니다. 9000번 넘게 슛을 성공시키지 못했고 300번도 넘게 패배했고 사람들의 야유를 받을 때마다 피나는 연습으로 거듭났다.

　　책속의 부록인 '인물백과'에는 마이클의 성공열쇠, 농구의 모든 것, NBA의 모든 것, 우리나라 농구 역사, 마이클조던의 모든 것이 사진과 함께 실려 있고, '생각마당'에는 다양한 독후활동으로 진로를 찾는 어린이에게 도움이 된다.

무엇을 더 볼까 (진로 탐색)
관련매체: 한국유소년스포츠협회 (http://www.kcpea.co.kr)
관련도서: 『적성과 진로를 짚어주는 직업교과서 17. 운동선수』/ 와이즈멘토 /
　　　　주니어김영사

무엇을 이야기해 볼까 (진로 토론)
1. 운동선수는 타고난 재능이 없어도 끈질긴 노력만 있으면 될 수 있다.
2. 한 번 정한 꿈은 끝까지 밀고 나가는 것이 자주 바꾸는 것보다 낫다.

무엇을 해 볼까 (진로 활동)
1. 재능은 없으나 좋아하는 일에는 어떤 것이 있는지 써 보자.
2. 농구선수에 대해 새롭게 알게 된 부분에 대해 이야기해 보자.

얼마나 가까울까 (진로 척도)

	1	2	3	4	5
1. 농구선수가 되고 싶어요.	1	2	3	4	5
2. 농구선수가 하는 운동을 알 수 있어요.	1	2	3	4	5

준비됐나요?

내가 만약 농구선수가 된다면?!

나는 대학교 2학년 때 국가대표 팀에 뽑혔어요. 아시아 남자 농구 선수권 대회에서 활약하여 기아자동차 농구팀을 일곱 차례나 우승으로 이끌었습니다.

만약 내가 농구선수가 되겠다고 생각했다면 영향을 준 것들에 대하여 정리해 보세요.

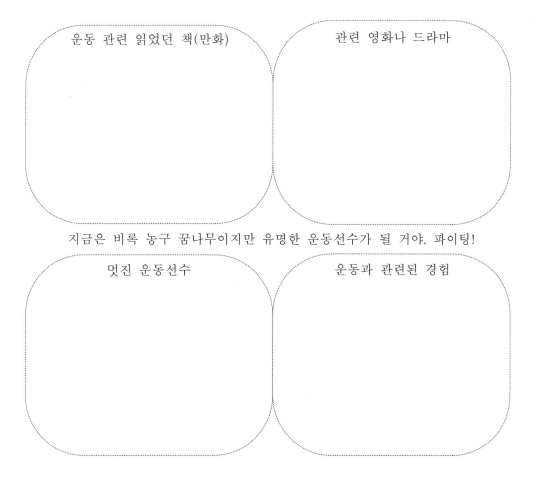

| 운동 관련 읽었던 책(만화) | 관련 영화나 드라마 |

지금은 비록 농구 꿈나무이지만 유명한 운동선수가 될 거야. 파이팅!

| 멋진 운동선수 | 운동과 관련된 경험 |

책 속에 있어요

1. 다음 (   )안에 들어갈 말을 <보기>에서 고르시오.

<보기>

명예의 전당, 예술의 전당, 에어 조던, 농구의 황제 NBA, 샬럿 밥캐츠

---

(1) 마이클 조던은 1989년 슬램 덩크대회에서 자유투 라인에서 덩크 슛을 하여 농구 역사상 멋진 장면 중 하나를 기록하였고 (   )이라 불리게 되었다.

(2) 마이클 조던은 스포츠, 예술 등의 분야에서 위대한 업적을 남긴 이를 기리기 위해 설립된 기념관인 (   )에 오르는 선수로 선정되었다.

(3) (   )는 세계 농구 천재들이 모이던 미국 프로농구 리그로 마이클 조던이 속한 구단은 시카고 불스였다. 조던은 이 구단을 6번이나 우승으로 이끌었다.

2. 다음 농구에서 각 포지션의 위치를 나타낸 그림입니다. 번호에 알맞은 포지션 이름을 쓰고, 내가 맡고 싶은 포지션에 체크해 보세요. (포지션은 각 선수가 맡은 위치와 역할을 말함.)

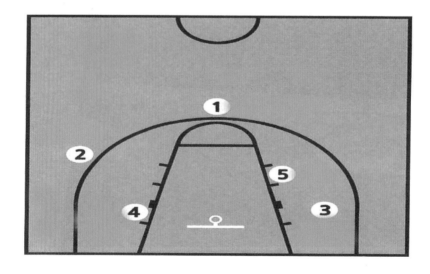

3. 마이클 조던은 어린 시절 동네 농구시합에서도 외면당할 만큼 키가 작았어요. 높이뛰기와 편식 안하기 등의 노력을 해 보았지만 고등학교에 들어가서도 키가 작아서 농구부에서 탈락당합니다. 그러나 먼 훗날에는 농구의 황제가 되지요. 키가 작아서 운동선수의 꿈을 포기하려하는 친구에게 용기를 주는 글을 써보세요. (마이클 조던의 예를 들어 쓰고, 키 크는 비결도 알려 주세요.)

4. 마이클 조던의 등번호는 23번이었어요. 농구를 시작하면서부터 은퇴할 때까지 그 번호를 썼고 집 대문에도 번호를 새겼지요. 그가 은퇴한 뒤에는 영구 결번이 되어 다른 선수는 23번을 쓸 수 없게 되었답니다. 마이클 조던에게 있어 23번은 어떤 의미가 있을까요? 만화를 잘 보고 설명해 보세요.

깊게 생각해 봐요

1. 내가 만약 운동선수가 된다면 등번호를 몇 번으로 하고 싶은가요? 그림에 등번호를 써 넣고 그 번호를 택한 까닭을 써 보세요.

2. 마이클 조던이 농구를 시작한 뒤로 승승장구했던 것은 아닙니다. 9000번 넘게 슛을 성공시키지 못했고 300번도 넘게 패배했답니다. 하지만 포기하지 않고 피나는 연습을 한 결과 '농구의 황제'가 되었지요.
농구선수가 꿈인 친구에게 마이클 조던을 소개해 보세요.

(그림 제공-스튜디오 다산)

박지성, 11살의 꿈 세계를 향한 도전	
도서정보	이채윤/ 스코프/ 2011년/ 175쪽/ 12,000원
교과정보	「체육」「도덕」
진로정보	운동선, 농구선수

어떤 책일까 ⚽

　　『박지성, 11살의 꿈 세계를 향한 도전』은 11살에 축구선수에 도전한 박지성은 작은 키와 평발이라는 신체적 약점을 실력과 기술로 승부하리라 마음먹고 반복훈련을 통해 완성한다. 위기가 닥칠 때마다 박지성 특유의 체력 단련기, 정신력과 전신지구력을 동원하여 한국의 '축구 아이콘'이 되어가는 과정이 흥미진진하게 펼쳐진다. 맨체스터 유나이티드에서 '수비형 윙어'의 창시자라는 평가를 받으며 세계무대에 이어 2010년 월드컵 주장이 되기까지의 여정은 눈물겨운 고난의 연속이지만 팀의 결정적인 순간에 빛나는 슛의 진가만큼이나 감동적이다. 이 책은 훌륭한 선수이면서 인간미가 넘치는 박지성의 축구사랑을 통해 진로를 찾아 도전하고자 하는 어린이들에게 꿈의 나침반이 되어 준다.

무엇을 더 볼까 (진로 탐색)
　관련매체: 한국유소년축구연맹 (http://www.kyfa.kr)
　관련도서: 『우리를 행복하게 하는 축구스타 28인』/ 김현민 / 원앤원스타일

무엇을 이야기해 볼까 (진로 토론)
　1. 사람은 타고난 재능을 살리는 것보다 하고 싶은 일을 하는 게 더 행복하다.
　2. 운동선수는 정상에서 물러나는 것이 좋다.

무엇을 해 볼까 (진로 활동)
　1. 운동선수의 체력관리는 어떻게 해야 하는지 이야기해 보자.
　2. 운동선수가 은퇴한 후에 할 수 있는 일은 무엇인가 찾아보고 이야기해 보자.

얼마나 가까울까 (진로 척도)

	1	2	3	4	5
1. 축구선수가 되고 싶어요.	1	2	3	4	5
2. 축구선수가 하는 일을 알 수 있어요.	1	2	3	4	5

준비됐나요?

1. 좋아하는 축구선수는 누구인가요? 여러분이 좋아하는 선수를 소개해 보세요.

2. '축구' 하면 생각나는 것을 말해 보세요.

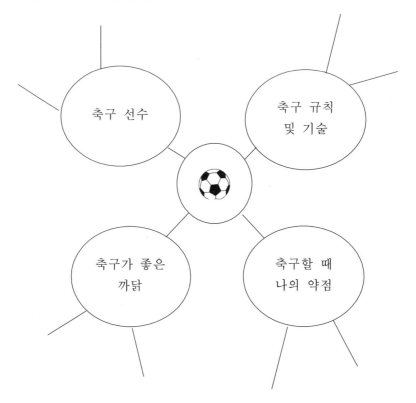

책 속에 있어요

1. 축구의 기술이 <u>아닌</u> 것은 무엇인가요? (   )
   ① 킥   ② 드리블   ③ 헤딩   ④ 캐치

2. 박지성이 2005년부터 7년 동안 소속되었던 프로 축구 리그로 잉글랜드의 명
   문 구단 명칭은 무엇인가요? (   )
   ① 맨체스터 유나이티드 ② 에인트호벤   ③ K-리그   ④ J-리그

3. 이 상은 박지성이 초등학교 때 받은 상으로, 초등학교 최고의 축구 선수에게
   주는 상입니다. 이 상의 이름은 무엇인가요? (   )
   ① 허정무 축구상   ② 홍명보 축구상   ③ 펠레 축구상   ④ 차범근 축구상

4. 박지성의 별명이 아닌 것은 무엇인가요? (   )
   ① 유령   ② 축구 황제   ③ 산소 탱크   ④ 캡틴 박

5. 책의 본문 중에서 가장 새겨 두고 싶은 페이지를 적고, 감동적인 대목을 적
   어 보세요.

페이지	감동적인 대목

깊게 생각해 봐요

1. 다음은 한국 '축구의 아이콘'이 된 박지성의 초등학교 때의 일화입니다. 글을 읽고, 상황에 맞는 속담이나 격언을 생각나는 대로 써 보세요.

> "공이 발등 구석구석에 적어도 3천 번씩 닿아야 감각이 생기고, 다시 3천 번이 닿아야 어느 정도 컨트롤을 할 수 있게 된다. 그것이 축구의 기본이야."
> 지성은 그 말을 그대로 믿었고 부지런히 실천했습니다. 운동장이 아니어도 그저 공만 있으면 집 주변 어디서나 가능했지요. 심지어 자신의 방이 훈련장이 되기도 했습니다.

2. 다음 글은 어린 시절에 신체적 약점에도 불구하고 운동선수가 되겠다는 박지성과 말리는 부모님이 갈등을 겪고 있어요. 만약, 여러분의 꿈을 부모님이 반대하신다면 까닭은 무엇인가요? 여러분은 어떻게 할 건가요? (여러분과 부모님의 상황을 아래의 글처럼 대화글로 써 보세요.)

> "공을 차며 노는 것은 좋지만 축구선수는 너한테 어울리지 않아."
> 아버지가 점잖게 아들을 타일렀습니다.
> "아니에요. 저는 다른 아이들보다 공을 잘 차요. 다들 제가 공을 잘 찬다고 부러워해요."
> 이번에는 어머니가 말리고 나섰습니다.
> "지성아, 너는 다른 애들보다 덩치도 작고 체력도 약한데 그 몸에 축구하니……."
> 지성은 거의 울듯이 말했습니다.
> "전 할 수 있어요. 정식으로 학교 축구부에 들어가서 축구선수가 되고 싶어요."

3. 다음 사진은 박지성의 발입니다. 박지성의 발은 운동하기에 최악인 평발이
   었답니다. 그의 흉터투성이인 못생긴 발은 꿈을 이루게 한 아름다운 훈장이죠.
   여러분도 꿈을 이루기위해서는 어디엔가 굳은살이 생겨야겠지요. 어디에 여러분
   만의 아름다운 훈장 같은 흉터를 새기고 싶은지 박지성의 발 옆에 먼 훗날 내
   꿈을 이룬 손이나 발을 그려 보세요.

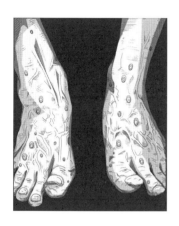

4. 박지성 선수의 상처 난 발을 위하여 발에 바르는 크림을 선물로 보내려고 합
   니다. 선물에 함께 넣을 편지를 써 보세요. (들어갈 내용: 책에서 읽은 감동적
   인 일, 아름다운 마음씨, 박지성 선수에 대해 알게 된 점, 물어보고 싶은 것 등)

운동선수가 되려면

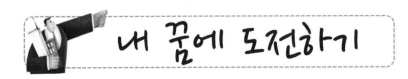
내 꿈에 도전하기

『who 김연아』,『who 마이클 조던』,『박지성, 11살 꿈 세계를 향한 도전』책을 읽고 운동선수가 되기 위해 어떤 노력을 해야 하는지 생각해 보고, 칸을 채워 보세요. 그리고 실천한 항목엔 ∨표시를 해 보세요.

집에서		학교(체육관)에서	
• 아침에 일어날 때 체조하기	☐	• 운동과 관련된 책 읽기	☐
• 가족과 함께 운동하기	☐	• 체육시간 열심히 참여하기	☐
•	☐	•	☐
•	☐	•	☐
•	☐	•	☐
•	☐	•	☐

실천하고 난 뒤 느낀 점을 말해 봅시다.

쉬어가는 코너 **나를 찾아봐요**

나의 꿈 포스터 제작하기 1

　나의 꿈을 이루기 위해 내 방에 포스터를 제작하여 걸어두려고 합니다. 내 꿈 포스터에 들어갈 내용을 마인드맵으로 나타내어 보세요.

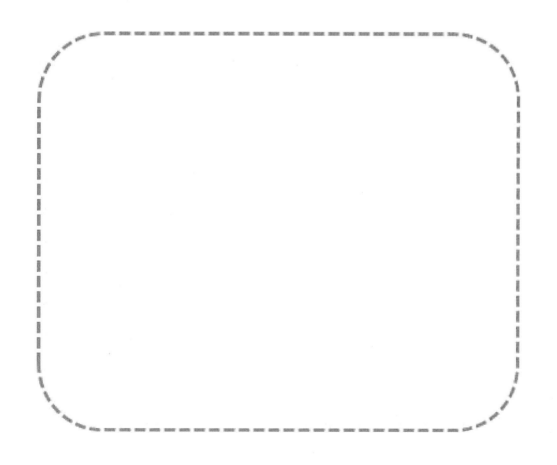

제9장

작가

GO GO 꿈 속으로

❖ 나는 유명한 작가를 꿈꾸는 작가 문하생입니다. 세상 모든 사람들이 내 책을 읽고 기뻐하는 모습은 상상만 해도 기분이 좋습니다. 만약, 내가 작가라면 쓰고 싶은 책은 어떤 책인가요?

<쓰고 싶은 책의 내용>	<읽는 대상>
<읽으면 좋은 점>	< 내 책 독자에게 해 주고 싶은 말>

지금은 비록 작가 문하생지만 유명한 작가가 될 날을 꿈꾸며 오늘도 열심히 노력합시다.

백산의 책		
도서정보	하은경/ 낮은산너른들/ 2010년/ 152쪽/ 9.500원	
교과정보	「국어」	
진로정보	작가 및 관련 전문가	

어떤 책일까

　백산은 한양 운종가 저잣거리에서 좀도둑질로 먹고사는 고아 소년이다. 우연히 허 참판이라는 양반에게 도움을 받은 백산은 허 참판 집에 종으로 들어간다. 허 대감은 백산의 영특함을 알아보고, 자신이 쓰던 이야기를 들려준다. 백산은 아이디어다운 상상력을 발휘하고 힘없는 백성들의 답답한 처지를 토론하기도 한다. 두 사람은 연산군 시절을 풍미했던 도적 '홍길동'에 대해 대화를 주고받으며 세상을 들었다 놓았다 하는 영웅을 만들어 간다.

　『백산의 책』은 세상을 변혁하기를 꿈꾸었던 양반 허균과 서얼 '홍길동'을 한 축에 놓고, 이야기 속에서나마 억눌린 꿈을 마음껏 펼쳤던 하층민 소년을 또 다른 축으로 하여 역사적 상상력을 펼쳐 나간다.

무엇을 더 볼까 (진로 탐색)
관련매체: 글짓기 방법 사이트 (www.baccal.co.kr)
관련도서: 『마법의 글짓기』 / 수지 모건스턴 / 크레용하우스

무엇을 이야기해 볼까 (진로 토론)
1. 백성들을 위해 도적질을 했던 홍길동이 의적이라고 할 수 있는지 토론해 보자.
2. 홍길동전에서 홍길동이 세운 이상국가인 율도국이 과연 우리들이 생각하는 이상국가인지를 토론해 보자.

무엇을 해 볼까 (진로 활동)
1. 나에게 있어 가장 소중한 물건을 스케치하고 그에 대한 설명의 글을 써 보자.
2. 동물들을 주인공으로 왕따 아이가 그 시련을 잘 극복하는 이야기를 써 보자.

얼마나 가까울까 (진로 척도)

	1	2	3	4	5
1. 글을 쓸 때 행복하다고 생각한다.	1	2	3	4	5
2. 학교 독서 동아리 활동이 있으면 가입하고 싶다.	1	2	3	4	5

준비됐나요?

1. 홍길동전에 대하여 알고 있는 내용을 마인드맵으로 나타내어 보세요.

2. 요즘 세상에 홍길동이 있다면 어떤 일들을 했을까요? 상상하여 써 보세요.

책 속에 있어요

1. 작가 하은경이 쓴 '백산의 책'을 읽고 가장 기억에 남았던 장면을 그림으로 그리고 그 까닭을 설명해 보세요. (예를 들면 저잣거리에서 백산이 매를 맞는 것을 보고 허 참판이 구해 주는 장면 그리기 등)

그 까닭:

2. 작가로서 허 참판이 홍길동전을 쓰면서 무엇을 고민하게 되었나요?

3. 작가로서 허 참판의 고민을 해결하여 준 사람은 누구이며 그 해결 내용이 무엇인지를 쓰세요.

4. 작가로서 허 참판은 경험한 내용과 현 제도의 불만 사항을 해결하기 위해 홍길 동을 통해 해결하고자 했습니다. 그 내용들을 각각 정리해 보세요.

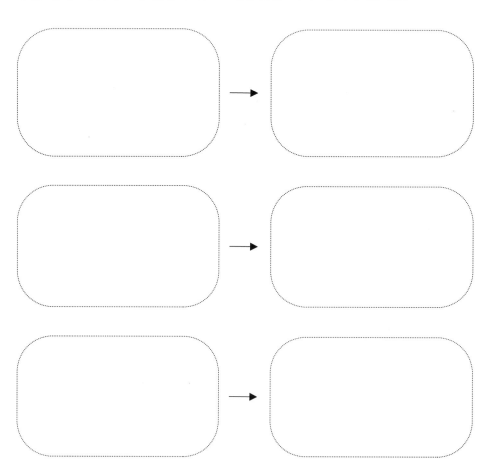

깊게 생각해 봐요

1. 작가로서 허 참판의 성격을 생각나는 대로 적어 봅시다.

2. 허 참판 작가는 홍길동전을 쓰는데 영향을 미친 것은 허 참판의 성격과 영 특한 백산의 조언이 있어서 홍길동전을 완성할 수 있었다고 합니다. 허 참판 의 성격이 홍길동전을 쓰는데 끼친 영향(좋은 영향, 나쁜 영향 둘 다)에 대해 생각해 봅시다.

성격	홍길동전에 끼친 영향

3. "작가는 무엇보다도 책을 많이 읽어야 한다."라고 생각하는 사람들이 많습 니다. 작가가 갖추어야 할 조건에 대해 생각한 후 친구들과 돌아가면서 이야 기해 보고, 나와 같은 의견과 다른 의견이 무엇인지 정리해 보세요.

이름	의견

4. 만약에 작가로서 내 이름을 건 책을 쓴다면 내가 책을 쓰는 데 도움을 준 멘
   토와 평론가를 초대해서 어떤 이야기들을 나눠 보고 싶나요? 상상해 볼까요?

◆ 초대하고 싶은 멘토:

◆ 나누고 싶은 이야기:

◆ 초대하고 싶은 평론가:

처음 가진 열쇠		
도서정보	황선미/ 웅진주니어/ 2006년/ 134쪽/ 7,500원	
교과정보	「국어」	
진로정보	작가 및 관련 전문가	

어떤 책일까

　『처음 가진 열쇠』는 동화작가 황선미의 자서전적 이야기로, 너나없이 가난했던 70년대를 배경으로 하고 있다. 그 안에는 작가의 꿈을 품게 되는 한 소녀의 이야기가 소박하면서도 따뜻하게 펼쳐진다. 잘하는 것과 좋아하는 것 중 하나만 선택해야 하는 상황에서 고민에 빠진 주인공을 통해 작가는 '정말 좋아하는 것을 하기 위해서는 아무리 힘들더라도, 어떤 희생을 감수하고서라도 끝까지 포기하지 말고 해 보렴'하는 당부를 어린 독자들에게 인상 깊게 전하고 있다.

　선생님이 건네 준 도서실 열쇠는 꼬마 황선미에게 세상에 태어나 처음으로 '아주 중요한 사람'인 것 같은 자신감을 심어 주었고, 도서실에서 책 속에 빠져 지내던 이 꼬마는 30여 년이 지난 오늘, 대한민국에서 제일가는 동화작가가 되었기 때문이다. 자서전적 글이 주는 더욱 진한 감동이 아이들에게도 그대로 전해질 것이다.

무엇을 더 볼까 (진로 탐색)

관련매체: 어린이작가정신 (www.kidsjakka.co.kr)

관련도서: 『삶을 가꾸는 어린이 문학』 / 이오덕/ 고인돌

무엇을 이야기해 볼까 (진로 토론)

1. 내가 잘하는 것과 내가 좋아하는 것 중 무엇을 선택할 것인지 토론해 보자.
2. 책을 많이 읽는 것과 글을 많이 써 보는 것 중, 어느 것이 더 중요한지를 토론해 보자.

무엇을 해 볼까 (진로 활동)

1. 내가 정말 좋아하는 것을 할 수 있도록 부탁드리는 방법을 글로 써 보자.

얼마나 가까울까 (진로 척도)

1. 책 읽기를 좋아한다.	1	2	3	4	5
2. 도서관을 얼마나 많이 이용하나요?	1	2	3	4	5

준비됐나요?

1. 내가 보는 작가는 다른 사람과 어떤 점들이 더 특별한지 자신의 생각을 정리해 보세요.

2. 나의 특별함은 무엇인가요?

책 속에 있어요

1. '처음 가진 열쇠'를 읽고 주인공의 발자취를 따라 어떤 일들이 있었는지 간략하게 적어 보세요.

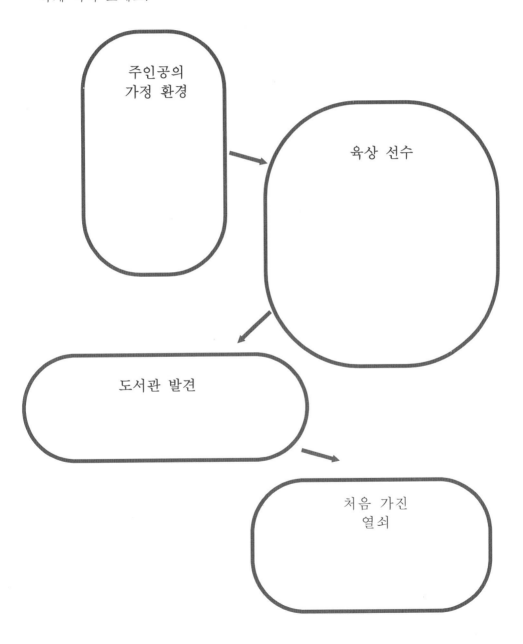

2. 『처음 가진 열쇠』에서는 주인공 말고도 주인공과 관련된 여러 인물들이 있습니다. 어떤 사람들이 어떤 일을 하고 있는지 알맞게 이어 보세요.

은명자 • • 생선장사

육상코치 • • 반장

도서관 사서 • • 육상 지도

어머니 • • 책의 안내

도영 • • 주인공

3. 사서 선생님은 주인공이 책을 읽는데 어떤 도움을 주었나요?

깊게 생각해 봐요

1. 대부분 작가들은 어린 시절 자신이 겪었던 일을 바탕으로 글을 쓰는 경우가 많습니다. 그 까닭은 무엇일까요?

2. 내가 유명한 작가를 꿈꾸는 예비 후보라면 어떤 하루를 보내게 될까요? 예비 후보가 되어 일기를 적어 봅시다.

(   )월 (   )일 날씨:

제목:—————————————————————————

3. 내가 작가로 등단시키는 심사를 한다면 어떤 사람을 작가로 추천을 할까요? 심사 기준을 적고, 까닭을 설명해 보세요. 친구들의 의견도 적어 볼까요?

나의 심사 기준

기준을 그렇게 정한 까닭

친구의 기준과 까닭

	물에 쓴 글씨	
도서정보	베키 압테커(강수정 역)/ 다림/ 2009년/ 264쪽/ 8,500원	
교과정보	「국어」	
진로정보	작가 및 관련 전문가	

어떤 책일까

　『물에 쓴 글씨』는 작가 베티 압테커가 초등학교 상담교사를 하면서 만난 아이들의 이야기를 바탕으로 쓴 작품이다. 학교 공부보다 끼니를 걱정할 수밖에 없는 남아프리카 공화국 아이들의 가혹한 현실과 고민을 시와 소설 속에 진솔하면서도 깊이 있게 담아낸 책이다. 먹고 살기 위해 병든 몸으로 폭력배가 된 형과 그런 형을 보며 도둑질만큼은 절대 하지 않겠다고 엄마와 약속한 노엘은 도서관에서 마주친 한 남자가 건네준 책에 담긴 시에서 감당하기 힘든 현실을 이겨 낼 힘을 얻게 되고, 작문 시험으로 쓴 노엘의 시를 우연히 읽게 된 음년제 선생님에 의해 장학생 선발을 위한 학교 우수작으로 응모된다.

　부모도 형제도 잃은 주인공에게 우연찮게 접하게 된 '시' 한 편이 새로운 희망이 되고 있듯이, 우리에게 시, 소설과 같은 글들이 주는 감동과 교훈, 즐거움에 다시 생각해 보고 좋은 글을 쓸 수 있는 능력을 키워 보고자 한다.

무엇을 더 볼까 (진로 탐색)

관련매체: 한국문인협회 (www.ikwa.org)

관련도서: 『초등학생도 쉽게 배우는 시인이 되는 11가지 놀이』 / 안차애 / 북인

무엇을 이야기해 볼까 (진로 토론)

좋은 문학작품은 '재미'와 '감동'중 어느 것이 더 중요한지 토론해 보자.

무엇을 해 볼까 (진로 활동)

1. 경험한 내용을 시로 쓰고 상대방의 표현이 잘 된 곳을 찾아 칭찬해 주자.
2. 내가 '시인'이라면 시를 통해 어떤 의미를 사람들에게 전하고 싶은지 써 보자.

얼마나 가까울까 (진로 척도)

1. 동시를 읽고 외우기를 좋아한다.	1	2	3	4	5
2. 동시를 그림으로 잘 표현할 수 있다.	1	2	3	4	5

준비됐나요?

다음 그림과 어울리도록 시를 써 보세요.

책 속에 있어요

1. 『물에 쓴 글씨』란 책은 글쓴이가 경험을 시로 승화시키는 과정을 쓴 책이라고 할 수 있어요. 또한 시인은 경험이 중요하다는 것을 한 편으로 강조하고 있지요. 다음 내용을 보고 원인과 결과를 다음 빈칸에 채우세요.

원인	결과
음년제 선생님은 궁지에 몰린 학생에게 상담의 기회를 제공한다.	
	지금 견디고 있는 슬픔과 고통이 행복이 될 수 있다는 것을 깨닫는 계기가 된다.
	노엘의 친구로서 노엘이 어려움을 이겨낼 수 있도록 늘 도와주었다.
삶은 배고픔이며 시는 영혼의 음식인 것을 깨달았다.	

2. 노엘이 세인트 고등학교 전액 장학생이 되기 전 어떤 삶을 살았나요?

3. 도서관의 한 남자는 노엘에게 한 편의 키츠의 시를 읽어 주었는데 그 시는 노엘이 오고 갈 곳 없는 노엘의 형편을 잘 표현하고 있어서 노엘을 이 시를 좋아했어요. 키츠의 시를 써 보세요.

★여기서 잠깐!
 '물에 쓴 글씨'란 책을 지은 베키 압테커는 어려서부터 라디오 시 낭송 프로그램을 즐겨 들을 만큼 시를 좋아해서 문학을 가르치는 교수가 꿈이었다고 한다. 비트바테르스란트 대학에서 문학을 공부했다. 졸업 후에 힐브로우에 있는 초등학교에서 상담교사로 일하면서 아이들의 삶에 한 발짝 다가갈 수 있었다고 한다. 이때의 경험과 시를 좋아했던 자신의 어린 시절을 담아낸 작품이 바로 '물에 쓴 글씨' 다. 지금은 요한네스에서 네 아들을 키우며 작품 활동에 전념하고 있다.

깊게 생각해 봐요

1. 노엘은 배고픔에 시달이면서 친구의 도움으로 근근이 생활합니다. 친구인 사파만들라는 노엘에게 과제 해결로 고등학교의 전액 장학생으로 진학하면 기숙사에서 생활할 수 있고 생활비와 용돈도 준다는 소식을 전하고 그런 과제를 해결을 위해 도서관에 갈 것을 권유하지요. 그 과제는 '시는 우리의 삶에 왜 중요한지'를 쓰라는 것이었습니다. 노엘은 친구와 도서관에 가서 도서관에서 우연히 한 남자를 만나고, 그 남자의 도움으로 과제 해결에 실마리를 찾고 삶에 변화가 일어났습니다. 한 남자를 만나기 전과 만난 후에 생각이 어떻게 바뀌었나요?

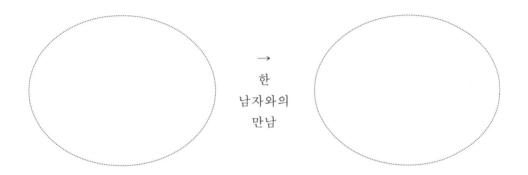

→
한
남자와의
만남

2. 작가인 시인이 되는 일은 어려운 일이라고 생각이 됩니다. 누구나 시인이 되고자 하지만 많은 노력과 경험도 필요합니다. 시인이라는 직업이 경제적으로 여유가 있는 것이 아니라, 전문적인 직업인은 별로 없고 다른 직장을 가지고 시를 쓰는 경우가 대부분이지요. 그래서 시인의 좋은 점과 힘든 점도 살펴보는 것이 여러분의 꿈을 실현하는 데 도움을 줄 것입니다. 한번 살펴볼까요?

좋은 점	힘든 점

3. 요즘 많은 학교에서 노엘처럼 동시(시)를 많이 읽고 외우고 그림도 그리면서 상상의 날개를 펼치는 학생들이 많이 있습니다. 그저 동시를 외우는 것과 경험한 내용을 진솔하게 써 보는 것과는 차이가 있습니다. 노엘의 글쓰기는 경험이 바탕이 되어 좋은 글을 쓰게 되었습니다. 여러분이 어려서부터 동시를 외우고 경험을 바탕으로 한 평소의 글쓰기가 여러분의 꿈을 이루는 데 도움이 될 수 있다고 설득하는 편지를 써 봅시다.

작가가 되고 싶어 하는 친구들에게

친구야, 안녕?

나는 _____초등학교에 다니는 _____라고 해.

내 꿈에 도전하기

❖ 작가가 되기를 꿈꾼다면 나는 작가가 되기 위해 어떤 강점이 있는지 찾아보세요.

내가 좋아하는 작가와 좋아하는 작품은?	
좋아하는 까닭	
작가가 되기 위한 나의 강점	
쓰고 싶은 책 분야는?	
책을 쓰고 싶은 까닭	
작가가 되기 위한 나의 각오	

쉬어가는 코너 **나를 찾아봐요**

나의 꿈 포스터 제작하기 2

'나의 꿈 포스터 제작하기 1'에 마인드맵을 한 내용으로 바탕으로 내가 되고 싶은 직업에 관한 포스터를 그려 보세요.

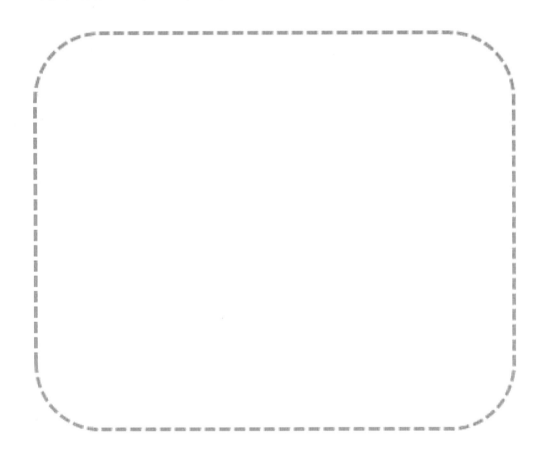

제10장

과학자

GO GO 꿈 속으로

과학 분야는 다양합니다. 각 분야를 살펴보세요.

과학 분야	화학, 물리, 생물, 지구 과학, 천문학, 임상학 등
과학자 분류	하는 일
이론 과학자	여러 가지 사실들을 종합하여 하나의 통일된 설명 체계를 만들고, 새로운 사실을 예측하는 과학자들이다. (예 : 아인슈타인, 호킹 박사 등)
실험 과학자	실험을 통하여 이론 과학자가 세운 가설을 검증하고, 새로운 사실을 관측하는 과학자들이다. (예 : 갈릴레이, 플레밍 아보가드로 등)
기술 과학자	자연의 법칙을 이용하여 여러 가지 장치를 만들고, 그 장치를 바르게 작동할 수 있도록 하는 과학자들이다. (예 : 에디슨, 장영실 등)

❖ 내가 관심 있는 과학 분야는 무엇인가요?

영역	이 유

❖ 내 관심 분야가 미래에 어떤 도움을 줄 수 있을까요?

현대 물리학의 별 이휘소

도서정보	이은유/ 자음과 모음/ 2011년/ 173쪽/ 9,700원
교과정보	「과학」「사회」
진로정보	물리학 과학자, 물리학 교수, 과학 연구원

어떤 책일까

　세계적인 물리학자 이휘소의 일생을 담으며 어린이들에게 꿈과 그 꿈을 이루기 위한 길라잡이 역할을 하고자 한 내용이다. 자신의 가정환경 때문에 꿈을 접지 않도록 뒷받침해 준 어머니와 대한의 위상을 위해, 자신의 꿈에 날개를 달기 위해, 일본과 서양 학생들에게 무시와 차별을 견디고 학업에 대한 열정 하나로 물리학계를 주름잡는 세계적인 과학자가 된 인물이다. 불의의 교통사고로 42세로 세상을 떠난 이휘소의 과학적 업적과 식지 않은 열정을 살피며 미래의 역군들에게 꿈과 희망을 주는 내용이 담겨 있다.

무엇을 더 볼까 (진로 탐색)

관련 매체 : 즐거운 과학 세상 사이언스 올, 과학지식 나눔터
　　　　　(http:// www.scienceall.com)

관련 도서 : 『하늘도 탐낸 아름다운 별, 이휘소』 / 이용포 / 작은 씨앗

무엇을 더 이야기해 볼까 (진로 토론)

1. 공부에 집중하는 것은 나쁜 일이 아니므로 가족들까지 신경 쓸 필요는 없다.
2. 집안에 똑똑한 자식을 위해서는 다른 자녀들은 희생을 감수해도 된다.

무엇을 해 볼까 (진로 활동)

1. 내 꿈을 위한 비전 보드 맵을 만들어 본다.
2. 내 꿈의 롤 모델과 인터뷰하기 또는 상상 인터뷰하며 나의 강점 찾기.

얼마나 가까울까 (진로 척도)

	1	2	3	4	5
1. 다방면의 책을 읽으며 배경지식을 쌓을래요.	1	2	3	4	5
2. 질문과 해답을 찾기 위한 독서를 할 거예요.	1	2	3	4	5

준비됐나요?

❖ 다음을 읽고, 물음에 답하세요.

> 어린 휘소는 친구의 집 한쪽 벽면을 빼곡히 채우고 있는 책들을 1년도 안 되는 사이에 모두 읽어버릴 만큼 독서광이었고, 세포 관찰을 위한 현미경을 사고 싶어 웅변대회에 나가 상금을 받아올 만큼 호기심이 왕성했다. 한국전쟁 중에 제대로 된 학교 교육을 받을 수도, 원하는 책을 사다 읽을 수도 없었지만 열악한 가정환경은 이휘소의 학업에 대한 열정을 꺾기에 부족했다.

1. 이휘소 친구의 집에 빼곡히 채웠던 벽면을 상상하며 내 책꽂이에 채웠으면 하는 책 과학자와 관련된 best – top 10을 꼽아 봅시다.

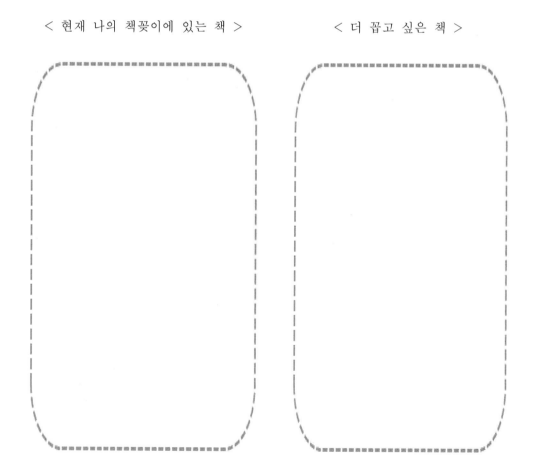

< 현재 나의 책꽂이에 있는 책 >   < 더 꼽고 싶은 책 >

책 속에 있어요

1. 물질을 구성하고 있는 세포의 세계를 파고들어 가던 휘소가 화학에 관심을 갖게 된 이론은 다음과 같습니다. 다음의 빈칸에 적합한 원소 이름을 써 보세요.

> 휘소는 문득 인간을 구성하는 원소가 무엇일까 생각하다가 인간의 몸은 물, 탄소, 탄산칼슘,   ,   , 암모니아, 질산칼륨,   , 플루오린,   ,   등의 15가지 원소로 구성 되었다는 것을 알게 되었다.

❖ 가정 형편이 어려운 휘소네 집은 부모님의 도움으로 실험실을 꾸몄습니다. 다음 문제를 읽고 물음에 답해 보세요.

> 휘소는 자신의 방에 있는 실험대 위의 돋보기와 삼발이, 스포이트와 플라스크, 비커를 감격스런 눈으로 바라보았다. 그 방에는 리트머스 시험지와 알코올램프, 페트리 접시, 피펫, 리비히 냉각기,온도계와 같은 실험 도구가 있었다. 이 작은 방은 휘소의 실험실이 되었다.

2. 위에 제시한 실험 도구와 그 용도를 찾아 선을 그어 보세요.

(1) 스포이트 •   • 소량의 액체를 옮길 때 쓰는 도구

(2) 플라스크 •   • 사물을 넣고 실험하는 납작한 접시 모양의 도구

(3) 비   커 •   • 액체를 붓는 입이 달린 원통 모양의 화학 실험용 유리그릇

(4) 페트리접시 •   • 목이 길고 몸은 둥글게 만든 화학 실험용 유리병

(5) 피   펫 •   • 액체를 담아서 적당량을 떨어뜨릴 때 사용하는 도구

3. 휘소는 학교 공부를 하면서도 틈틈이 고전을 즐겨 읽었습니다. 그는 특히 송 나라 때의 유학자 주희의 「권학문」을 좌우명같이 생각하며 외우고 다녔습 니다. 다음 시를 나의 좌우명이 되도록 자유롭게 바꾸어 써 보세요.

오늘 배우지 않고 내일이 있다 하지 말고
금년에 배우지 않고 내년이 있다 하지 마라.
세월이 흐르고,
시간은 나를 위해 연장되지 아니하나니
아! 늙었구나. 한탄한들
이것이 누구의 잘못인가!

4. 다음 인물은 이휘소의 연구와 삶에 도움을 준 사람들입니다. 그들이 어떤 도움을 주었는지 간단하게 정리해 보세요.

J.R 오펜하이머	
아인슈타인	
영국 식물학자 브라운	
코페르니쿠스	
뉴턴	

깊게 생각해 봐요

1. 다음 글에서 이휘소의 성격을 파악해 보고, 나의 성격과 비교하여 보세요.

> 이휘소는 세계적인 과학자가 된 후에 연구소를 옮기려는 시점에서 미국의 별로 유명하지 않은 스토니브룩이라는 곳으로 옮겨갔습니다. 이런 선택을 한 까닭은 연구를 잘 할 수 있고, 하고 있는 일에 대한 비전을 보았기 때문에 유명한 대학이나 연구소에서 오라는 것을 마다했던 것입니다. 그의 소신과 열정은 세계에서 모르는 사람이 없을 정도로 유명해지게 만들었지만, 결코 교만하거나 게으르지 않았습니다. 바로 정직함과 자신의 업적에 있어서 공정한 평가를 받으려고 했기 때문입니다.

이휘소의 성격	나의 성격

2. 이휘소의 성격 중에서 담고 싶은 부분을 중심으로 마음을 담아 이휘소에게 편지를 써 보세요.

뇌 : 선생님도 놀란 초등과학 뒤집기		
도서정보	조인영/ 동아사이언스/ 2009년/ 143쪽/ 9,800원	
교과정보	「과학」	
진로정보	뇌 관련 과학 분야는 무궁무진할 정도로 연구 범위가 방대함. 뇌 과학자, 인지 신경 과학자, 정신과 의사	

어떤 책일까

인간다운 삶을 살 수 있는 까닭은 우리 머릿속에 자리 잡은 뇌 덕분이다. 깊은 사고는 물론, 언어의 사용과 도구 이용은 인간만의 특징으로서 뇌의 특별한 기능 덕분이다.

뇌가 만들어지는 과정과 그의 진화를 읽으면서 기억력을 넘어선 마음까지 담고 있는 머릿속 슈퍼컴퓨터의 초특급 비밀을 파헤쳐 보는 재미가 있다. 또한 동물의 뇌와 사람의 뇌를 비교하고, 뇌로 이어지는 신경 뇌와 사랑에 빠진 뇌, 우울증의 뇌, 뇌의 이상으로 오는 치매 등도 아주 친절하게 설명하고 있다. 또 교과서와 연관 지어 학교 학습과도 연계할 수 있는 장점을 갖춘 책이다.

무엇을 더 볼까 (진로 탐색)
관련 매체 : 영화 <말아톤>(2005), <아바타>(2009), <트랜센더스>(2014)
관련 도서 : 『10대들의 뇌에서는 무슨 일이 벌어지고 있나』 / 바버라 스트로치
        / 해나무

무엇을 더 이야기해 볼까 (진로 토론)
1. 우리가 스스로 자신의 뇌를 다스리는 우리의 미래는 원하는 대로 된다.
2. 뇌의 공학 연구는 불가능하다.

무엇을 해 볼까 (진로 활동)
1. 뇌의 속성을 이해한 후, 나에게 맞는 공부 리듬표를 만들어 본다.
2. 뇌 과학자가 되어 뇌에 대해 연구하고 싶은 내용을 모둠별로 발표해 본다.

얼마나 가까울까 (진로 척도)

1. 뇌의 무한한 능력과 뇌의 개척영역에 관심이 가요.	1	2	3	4	5
2. 우리의 몸과 뇌가 조화를 이룰 때 뇌가 더 진화한다는 것을 알 수 있어요.	1	2	3	4	5

준비됐나요?

1. 나의 하루 일과 중 오전 7시에서 밤 10시까지 한 일 중에서 좋아하는 일
과 싫어하는 일의 점수를 내어 표를 작성해 보세요.

   (좋음 4, 그럭저럭 등은 3, 마지못해 그냥은 2, 싫음 1)

시간	하는 일	내 용	점수
8			
9			
10			
11			
12			
13			
14			
15			
16			
17			
18			
19			
20			
21			
22			
점수			

2. 나의 하루 일과는 대체로 좋아하는 일이 많나요? 싫어하는 일이 많나요? 그 까
닭은 무엇인가요?

1. 뇌가 생긴 과정을 생각하여 다음 빈칸을 채워 보세요.

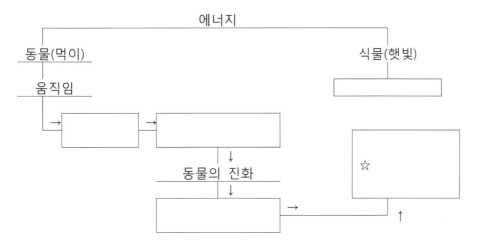

2. 뇌다운 뇌는 등골뼈가 있는 척추동물에게 나타나는데 아래 표의 빈칸에 내용을 채워 주세요.

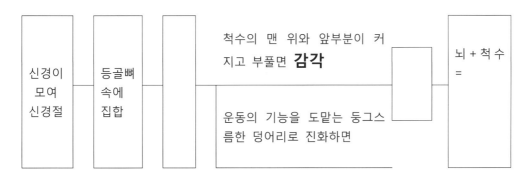

3. 감각 기관인 눈, 코, 입과 명령자 뇌, 행동대장의 손과 발을 연결해 주는 가장 작은 단위의 신경세포들로 이루어졌는데 이 물질의 이름은 무엇일까요?

4. 도전 골든벨 ! 맞으면 ○, 틀리면 ×입니다.

(1) 뉴런과 뉴런 사이에서 신호를 전달해 주는 우체부와 같은 역할을 하는 신경 세포 전달 물질을 시냅스라고 한다. …………(   )

(2) 뇌의 신경 세포에서 일어나는 전기신호를 외부에서 기계를 통해 일을 수 있는 것을 뇌파라고 한다. …………(   )

(3) 깊은 잠에 빠졌을 때 나오는 뇌파는 델타파이다. …………(   )

(4). 얕은 잠의 뇌파는 세타파이다. …………(   )

(5) 활동할 때의 뇌파는 알파파와 베타파이다. …………(   )

(6) 몸이 편안하고 행복할 때 나오는 뇌파로 건강하고 즐거운 생활을 하는 것을 알 수 있는데 이때의 뇌파를 베타파라고 한다. …………(   )

(7) 아니다. 시험을 볼 때처럼 집중하거나 운동 경기로 흥분할 때 나오는 뇌파를 데타파라고 한다. …………(   )

5. 다음의 그림에 뇌의 부분과 하는 일을 자유롭게 적어 보세요.

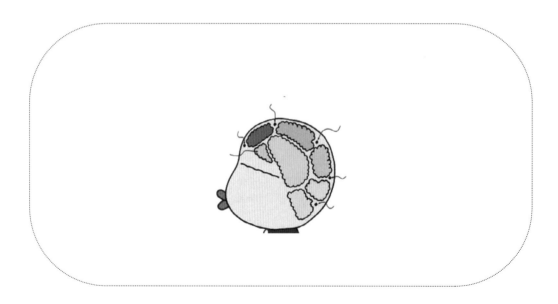

6. 도파민이 방출되면 행복한 뇌를 만들 수 있습니다. 도파민이 많이 분비되어 행복한 뇌를 만드는 방법에 대하여 아는 대로 정리해 보세요.

7. 숙면의 장점과 잠을 잘 못 잤을 때의 단점을 한 가지씩만 써 보세요.

(1) 숙면의 장점:

(2) 잠을 못 잘 때의 단점:

8. 뇌의 기능이 약해져 나타나는 질병에는 무엇이 있나요?

9. 인간을 위한 뇌 연구의 발전을 위해 과학자들이 더 노력해야 할 일에는 무엇이 있을까요?

깊게 생각해 봐요

1. 현대에는 은행과 항공, 심지어 안보를 위한 군대까지도 전산화로 이뤄져 있음을 발견할 수 있습니다. 뇌 과학연구의 발달로 트랜센던스에 의해 지배된 모습을 그린 이 영화의 소개 글을 보고, 컴퓨터와 인간의 뇌 역할이 어떻게 닮아 있는지, 인간과의 차이점을 비교해 보세요.

2014. 5. 14. 개봉 Transcendence 액션, 드라마, SF 감독 ; 월리 피스터 출연 : 조니뎁 (월 캐스터) 레베카홀 (에블린) 모건프리먼 (요셉태거) 등급 : 12세 관람가	**인간의 두뇌가 업로드 된 슈퍼컴 '트랜센던스'** **당신의 그 어떤 상상도 이 영화를 초월하지 못한다!** 인류가 수억 년에 걸쳐 이룬 지적능력을 초월하고 자각능력까지 가진 슈퍼컴 '트랜센던스'의 완성을 목전에 둔 천재 과학자 '윌'(조니 뎁)은 기술의 발전은 인류의 멸망이라 주장하는 반(反) 과학단체 'RIFT'의 공격을 당해 목숨을 잃는다. 연인 '에블린'(레베카 홀)은 윌의 뇌를 컴퓨터에 업로드 시켜 그를 살리는데 성공하지만, 또 다른 힘을 얻은 그는 온라인에 접속해 자신의 영역을 전 세계로 넓혀가며 '인간이 컴퓨터를 통제할 수 없을 때' 라는 명제로 어두운 미래를 그리고 있는 영화입니다. 트렌센던스로 인해 하나의 감정으로 통합된 네트워크는 개인의 IT장비는 물론, 정부기관과 군대를 통제하며 자신의 능력을 시험 삼아 인류에게 위협을 가하게 됩니다.

컴퓨터 장치가 하는 일

인간의 뇌가 하는 일

설명:

2. 내가 만약 뇌 과학자라면, 내가 일하는 연구소에 붙일 포스터를 그려 보고 포스터에 담긴 뜻을 써 보세요.

<포스터 그리기>	<뜻>

바이러스에서 살아남기 2		
도서정보	곰돌이 co/ 아이세움/ 2008년/ 196쪽/ 9,000원	
교과정보	「과학」	
진로정보	각 분야 바이러스 연구 과학자, 바이러스 백신 연구 개발자, 생명 공학자	

어떤 책일까

　등장인물들이 밀림에서 바이러스에 감염되어 걸리는 병의 증상을 설명하면서 바이러스의 변이와 식물 바이러스에 대해서도 알려주고 바이러스는 동물 뿐 아니라 식물에게도 전염될 수 있다는 것을 알려 줘요. 하지만 면역력을 키우면 백신으로 바이러스를 잘 다스릴 수도 있고 유익한 바이러스로 우리의 일상생활을 이롭게 할 수도 있지만 탄저균 테러 사건처럼 나쁜 마음으로 바이러스를 사용하면 무서운 무기가 될 수도 있다는 내용이 담겨 있어요.

　이 책에는 과학과 문명의 발달로 인해 더욱 강력하게 인류를 공격하는 '바이러스' 생겨 나고 있으므로 우리 친구들이 미래에 백신 개발에 관심을 가질 수 있는 기회를 준답니다.

무엇을 더 볼까 (진로 탐색)

관련 매체 : 라이브 사이언스 닷컴 (http:// www.livescience.com)

관련 도서 : 『박테리아는 인간의 적인가?』 / 존 헤릭 / 민음인

무엇을 더 이야기해 볼까 (진로 토론)

1. 바이러스는 인간에게 해로운 것이다.
2. 바이러스는 아프리카와 같은 후진국 주변에서 발생한다.

무엇을 해 볼까 (진로 활동)

1. 바이러스 수사대가 되어 체포되지 않은 바이러스 공포를 몰아낼 예방법을 발표한다.
2. 내가 살아온 동안에 발생했던 바이러스의 활동을 담아 내가 연구해야 할 바이러스 분야의 소논문을 작성하여 본다.

얼마나 가까울까 (진로 척도)

1. 바이러스의 연구에 관심을 갖게 되었어요.	1	2	3	4	5
2. 바이러스 연구 과학자가 되고 싶어요.	1	2	3	4	5

준비됐나요?

※ 다음의 신문 기사를 읽어 보세요.

2014. 08. 16   **VOA 뉴스**

'국경없는 의사회'의 조안 리우 회장은 시에라리온, 라이베리아, 기니 등 서아프리카지역의 3개국에서 에볼라 발병 양상이 다르게 나타나고 있다고 발표하였습니다.

리우 회장의 발표에 의하면 기니가 어느 정도 안정 상태에 들어간 반면, 시에라리온과 라이베리아는 여전히 통제할 수 없을 정도로 급속히 확산되고 있다고 합니다.

뿐만 아니라 과거에는 전염병이 발병한 후 약 8주간 지속되었던 것과는 달리 에볼라 바이러스는 발병을 통제하는 데 수개월이 필요하다고 하였으며 또 도시 지역으로 바이러스가 확산되고 있는 것 또한 과거와의 다른 점이라고 언급했습니다.

그러면서 리우 회장은 에볼라로 인해 라이베리아와 시에라리온의 의료기관들이 강제 폐쇄 조치에 들어갔다며 이들 국가의 의료 체계가 무너지고 있는 것을 우려했습니다.

---

1. 에볼라로 인한 사망자로 의심이 되는 사체는 바이러스 연구과학자들의 연구실로 옮겨져 여러 가지 실험을 하게 됩니다. 연구 실험 과정을 상상하여 4컷 만화로 꾸며 보세요.

❖ 다음의 신문기사와 1번의 4컷 만화를 연결 지어 다음의 물음에 답하시오.

　　현지시간으로 7월 13일 시에라리온에서 에볼라 바이러스감염자 치료를 해 오던 의사가 숨졌다고 합니다. 시에라리온의 보건위생부에 의하면 프리타운의 코넛 병원에서 에볼라 치료를 하다가 에볼라에 감염된 의사 '모두페 콜'이 의료진으로는 두 번째로 숨졌다고 합니다.　　- obs 뉴스 기사 -

　　새로운 아형의 에볼라에 감염된 것으로 확인된 침팬지를 부검을 하던 과학자 중 한 명이 감염되었습니다. 그녀는 부검 1주 후 뎅기열과 흡사한 증상을 보였고 스위스로 이송되어 치료를 받은 2주 후에 퇴원했지만, 완전히 회복하는 데까지는 4주일이 나 더 걸렸다고 합니다.

2. 내가 만약 바이러스 연구 생명과학자가 되어 에볼라 감염 사체를 부검해야 한다면 과학자로서의 열정과 인간으로서의 두려움이 함께 나타날 것으로 예상 됩니다. 상황을 상상해 보고 내 마음을 담아 상상 일기를 써 보세요.

날짜와 날씨 :

대표 감정 :

내 용 :

오늘의 반성 및 내일의 다짐 :

책 속에 있어요

1. 바이러스의 증상에 대해 아는 대로 써 보세요.

2. 천연두 바이러스에 대한 증상과 역사적 일화를 책 속에서 읽은 것을 토대로 천연두 바이러스의 역사 신문을 만들어 보세요.

그림 1.	그림 2.
설명	설명

기사(표제, 부제, 전문, 본문, 해설)

3. 바이러스에 걸리지 않으려면 어떻게 해야 하는지 빈칸에 알맞은 말을 쓰세요.

* (   )는 면역세포의 활동력을 떨어뜨리기 때문에 바이러스에 쉽게 공격당하지 않도록 적절한 휴식이 필요하다.

* 면역력을 높이려면 (   )에서 잠을 푹 자고, (   )를 골고루 섭취해야 한다.

* 또한 신선한 음식을 골고루 먹되, (   )이 풍부한 해조류, (   ) 좋은 등 푸른 생선, 스트레스에 대항할 힘을 키워 주는 (   )가 좋다. 또한 전염병과 암 예방에 도움이 되는 (   )도 좋다.

* 적절한 수면(약 저녁10시~오전5시)은 뇌에서 분비되는 (   )이라는 호르몬이 우리 인체의 면역력을 높여 주는 중요한 역할을 한다.

4. '종 특이성'이라는 바이러스의 기본적인 성질과 바이러스 변이에 의한 감염에 대해 정리해 보세요.

5. 유용한 세균에 대하여 아는 대로 말해 보세요.

깊게 생각해 봐요

❖ 다음의 신문 기사를 먼저 읽어 보세요.

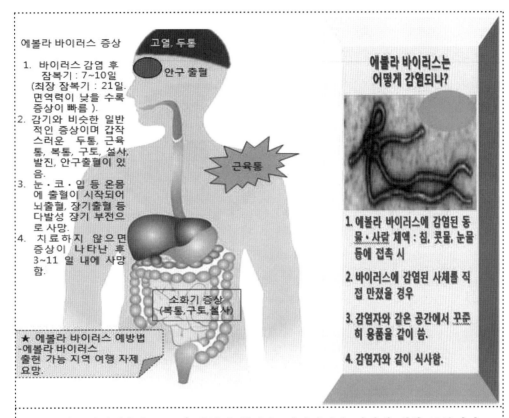

에볼라 바이러스 증상

1. 바이러스 감염 후 잠복기 : 7~10일 (최장 잠복기 : 21일. 면역력이 낮을 수록 증상이 빠름).
2. 감기와 비슷한 일반적인 증상이며 갑작스러운 두통, 근육통, 복통, 구토, 설사, 발진, 안구출혈이 있음.
3. 눈·코·입 등 온몸에 출혈이 시작되어 뇌출혈, 장기출혈 등 다발성 장기 부전으로 사망.
4. 치료하지 않으면 증상이 나타난 후 3~11 일 내에 사망함.

고열, 두통
안구 출혈
근육통
소화기 증상 (복통, 구토, 설사)

★ 에볼라 바이러스 예방법 -에볼라 바이러스 출현 가능 지역 여행 자제 요망.

에볼라 바이러스는 어떻게 감염되나?

1. 에볼라 바이러스에 감염된 동물·사람 체액 : 침, 콧물, 눈물 등에 접촉 시
2. 바이러스에 감염된 사체를 직접 만졌을 경우
3. 감염자와 같은 공간에서 꾸준히 용품을 같이 씀.
4. 감염자와 같이 식사함.

김은기의 '바이오토크' 에볼라 확산은 밀림파괴와 밀렵에 대한 보복이다.

1976년 아프리카 자이르(현재 콩고 민주공화국)와 南수단에서 602명 감염, 431명이 사망한 사상 최고의 치사율로 세상에 처음 등장한 에볼라 바이러스의 숙주가 어떤 동물인지 알기위해 바이러스 과학자들은 에볼라 발생지역인 밀림을 샅샅이 뒤졌다. 지난 20년간 3만 마리에 달하는 포유류와 조류, 양서류와 곤충을 조사한 결과 과일박쥐가 주범일 거라고 여겼지만, 그 외에 원숭이나 곤충, 새일 가능성도 배제할 수 없다. 바이러스에게 '통'인 야생동물은 후손 바이러스를 보존하는 안전한 공간이기도 하지만 변종(變種)을 만드는 장소이기도 하다.

----------------------(중략)--------------------

감염병 위험지역을 여행하려면 해당 감염병에 대한 예방접종을 하고 깨끗한 음식과 물을 잘 찾아 마시는 것은 중요하다. 노벨 생리·의학상 수상자인 미국의

조수아 레티버그는 과학자는 "인류가 지구에서 살아남는 데 있어 가장 위험한 적은 바이러스"라고 지적했다. 하지만 바이러스를 정확히 알고 인류의 약점을 파악해 잘 대비한다면 바이러스가 백번 공격한다고 해도 지구상의 인류는 위기로부터 안전할 수 있겠다. 지피지기 백전불태(知彼知己, 百戰不殆)를 기억하자.

중앙 선데이 2014.8.17

1. 위의 칼럼니스트의 기사에 따르면 인플루엔자(독감)·사스·에이즈(AIDS)·에볼라 등 악명 높은 바이러스들은 하나 같이 RNA 바이러스 '가문'에 속합니다. 사촌인 DNA 바이러스에 비해 불안정한 RNA 탓에 별별 녀석들이 다 태어난다고 합니다. 내가 알고 있는 바이러스의 이름을 아는 대로 써 보세요.

2. 위에 나타난 바이러스의 예방 대책에 대한 기사문으로 작성하여 보세요.

그림1.	그림2.
설명	설명
기사(표제, 부제, 전문, 본문, 해설)	

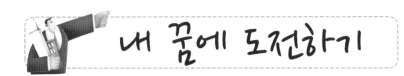

내 꿈에 도전하기

과학자 자기 소개서 작성해 보기

※ 안녕?

  나의 꿈은 과학자란다. 내 꿈을 이루기 위해 나를 드러낼 수 있는 연습을 할 거야. 그 첫 번째로 자기 소개서 작성 연습을 하려고 해. 물론 매일 연습할 거야. 부족한 것은 채우면서 말이지. 자, 시작!

1. 부모님의 어떤 가르침 때문에 내가 과학자란 꿈을 갖는 데 도움이 되었냐면?

바로   때문이야.

2. 내가 과학자가 꿈이 되었던 동기는 (　　　) 때문이야. (아래의 (　) 안에 내용을 참고하여 채울 것.)

(영화를 보고나서, 책을 읽고, 뉴스나 신문을 보고, 내가 겪은 경험 등)   때문이야.

3. 꿈을 이루기 위해서 나의 신체 리듬이나 뇌의 특성을 고려하여 스스로 짠 방법으로 공부를 했는데 바로~ (질문 노트, 오답노트, 호기심 노트, 과학자 관련 사회 이슈 기사 스크랩 등을 담기.)

> 평상시에 공부는 (각 과목별 소개)
>
>
>
> 시험기간에는 (날짜 관리)
>
>
>
>   로 체계적으로 했더니 효과가 좋았어.

4. 난 나의 꿈이 가치가 있었으면 좋겠어. 그래서 평상시에 배려나 나눔, 협력과 타인 존중의 자세로 생활 했거든. 그 내용은 바로~

>
>
>
>
>   난 정말 내 꿈을 위해 인성이 얼마나 중요한지 알게 되었어.

5. 그리고 난 내 꿈을 지속적으로 발전시키기 위해 봉사활동도 꾸준히 하려고 해. 그런 활동들은 나에게 상당히 큰 영향을 주었어. 바로~

> (봉사 활동 이름과 내가 그 활동으로 얻게 된 것)
>
>
>
>

쉬어가는 코너   나를 찾아봐요

❖ 지금까지 10가지 직업군에 관련된 30권의 책을 읽어 보았습니다. 이 중에서 더 알아보고 싶은 직업군에는 어떤 것들이 있는지 세 가지를 고르고, 관련된 책을 더 찾아 읽어 봅시다.

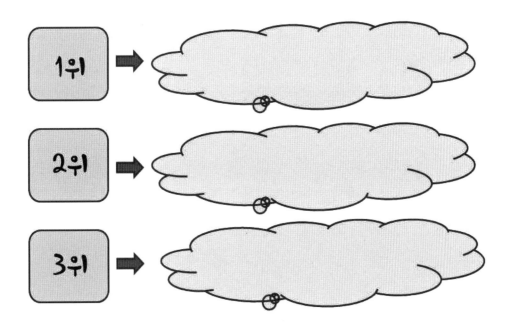

예시 답안

제1장 / 요리사

〈짜장면 더 주세요!〉

14쪽 준비됐나요?

1.

	깐풍기
	매콤달콤한 소스가 발린 바삭하게 튀긴 닭고기를 씹으면 정말 맛있다. 비슷하게 생긴 깐풍새우도 좋아한다.

2.

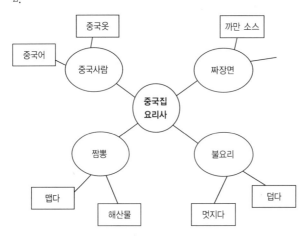

15쪽 책 속에 있어요

1.

시장에 가서 신선한 재료 사기 ▶ 재료 다듬기 ▶ 요리하기 ▶ 배달·설거지하기 ▶ 가게 쓸고 닦기 ▶ 장부 정리하기

2.

(1) 양파 • • 뜨겁게 달군 팬에 넣고 녹여서 기름을 만든다. 하얗고 탱탱한 것이 좋다.

(2) 돼지비계 • • 빨판이 손에 붙는 게 싱싱하다. 해물 요리에 두루 쓴다.

(3) 오징어 • • 껍질 얇은 걸로 잘 골라서, 짜장 양념 볶을 때 깍둑 썰어 넣는다.

(4) 감자 • • 겉껍질이 잘 마르고 단단한 것이 좋다. 중국 요리란 요리에 다 들어간다.

3.

	차림표																
식사부	짜장면	우동	짬뽕	간짜장	쟁반짜장	울면	사천짜장	삼선짜장	삼선짬뽕	삼선우동	짜장밥	짬뽕밥	볶은밥	잡채밥	오므라이스	삼선볶음밥	마파두부
요리부	탕수육	라조기	라조육	깐풍기	깐풍새우	유산슬	양장피	팔보채	난자완스	고추잡채	누룽지탕	도미찜	오향장육	소고기잡채	군만두	물만두	춘권

4. 오향장육 : 다섯 가지 향을 낸 간장에 돼지고기를 조린 후 얇게 잘라내서 먹는 요리로 그 향이나 맛이 오묘하다.

5. 강희 엄마 : 재료 다듬기, 주문 받기, 음식 나르기, 빈그릇 치우기, 설거지하기, 부엌 정리하기, 장부 정리하기 등

강희 : 시장에 재료 사러 가기, 심부름하기, 배달 전화 받기, 단무지 덜어 놓기, 설거지 그릇 치우기, 동생 돌보기 등

6. 힘든 일을 하는 아빠를 존경할 것이다. 안마를 해 드리고, 엄마, 아빠를 대신해 동생 돌보는 일과 집안일을 할 것이다.

18쪽   깊게 생각해 봐요

1. 제가 알고 있는 요리사는 준비된 재료로 맛있는 음식을 만드는 일만 하는 사람이었는데, 가게도 치우고 재료도 직접 준비하고 배달은 물론 설거지까지…… 이렇게 많은 일을 해야 하는지 몰랐어요. 우아한 직업이 아니라 힘과 노력이 많이 필요한 것 같아요.

2. ⑴ 그만큼 도구를 다루는 솜씨가 좋아야 음식이 맛있다는 뜻

⑵ 힘들긴 하겠지만, 꼭 훌륭한 요리사가 되고 싶다면 20년의 시간이 걸려서라도 요리를 배우겠다.

⑶ 친구야, 중국 요리를 하려면 불과 칼을 잘 다루어야 해. 만약 네가 불과 칼이 무섭다면 노력해 보고, 그래도 안 되면 중국 요리 말고 다른 요리를 하는 요리사가 되면 어떨까?

〈열두달 토끼밥상〉

21쪽   준비됐나요?

1. 달걀 샌드위치 만들기

달걀 삶기 ▶ 달걀은 으깨고 사과, 오이, 햄은 잘게 썰기 ▶ 달걀, 사과, 오이, 햄을 볼에 넣고 마요네즈와 함께 섞기 ▶ 식빵에 바르기

2. 쑥개떡, 김밥, 초밥, 사과, 귤

3. 건강한 음식 : 쑥개떡, 사과, 귤 / 그렇게 생각하는 까닭 : 자연에서 나온 것들이니까.

22쪽 **책 속에 있어요**

1. ①

2. 팥

3.

상황	알맞은 양념
국이 싱거워요.	간장, 소금
나물에서 고소한 냄새가 안 나요.	참기름
몸에 좋은 단맛을 내고 싶어요.	효소, 꿀

4. 생략

23쪽 **깊게 생각해 봐요**

1. 요리 이름 : 토마토죽

들어가는 재료 : 육수(죽엽, 치자, 복령, 방풍, 산초), 토마토, 쌀

요리 소개 : 토마토는 풍부한 무기질과 비타민을 함유하고 있다. 또한 열을 내리고, 노폐물의 배출을 돕는 해독제의 역할을 하기도 하여 아토피를 가진 사람에게 좋다.

2. 생략

3.

맹물 자매의 못생긴 요리가 더 가치 있다.	유명한 요리사의 예쁘게 장식된 요리가 더 가치 있다.
그 까닭은 건강하기 때문이다. 비록 모양은 예쁘지 않지만 먹는 사람의 건강을 생각해서 자연에서 나는 좋은 재료들로 만든 것이니까 더 건강한 음식일 것이다.	그 까닭은 보기 좋은 떡이 먹기 좋다는 속담처럼 예쁘면 더 먹고 싶어지기 때문이다. 레스토랑에서 비싼 돈을 주기까지 하며 유명한 요리사의 음식을 사먹는 이유는 그 요리사의 꾸미는 솜씨를 높이 사기 때문일 것이다.

〈밥상을 차리다〉

26쪽 **준비됐나요?**

1. 봄 : 쑥국 / 여름 : 수박, 삼계탕, 팥빙수, 아이스크림, 냉면 / 가을 : 감, 사과, 배 / 겨울 : 팥죽, 떡국

2. 옛날부터 있었던 음식 : 수박, 삼계탕, 감, 사과, 배, 팥죽, 떡국

요즘 새로 생긴 음식 : 팥빙수, 아이스크림, 냉면

3. 떡국 : 상고시대에 신년 제사 후 음복하던 떡이 떡국으로 변형되었다고 함.

책 속에 있어요

1. 가지, 파

2. ③

3. 농업을 세상에서 가장 중요한 근본으로 여겼다. 한 해의 농사는 임금의 정치력과 도덕성을 보여 주는 일이었다.

4. 김치

5. 우황청심원, 타락죽, 전약, 제호탕

6. ①

29쪽 **깊게 생각해 봐요**

1. 생략

2. 생략

제2장 / 의사/간호사

〈세상을 고친 의사들〉

36쪽 **준비됐나요?**

생략

37쪽 **책 속에 있어요**

1. 슈바이처

2. 체 게바라

3. 노먼 베쑨

4. 장기려

5. 프란츠 파농

6. 루쉰

7. 국경없는 의사회

8. (1) 노먼 베쑨

(2) 자신을 먼저 돌보지 않고 아픈 사람을 위해 목숨을 거는 희생정신이 멋지다. 내가 의사가 된다면 나의 부귀영화가 아닌, 가난한 사람들을 위한 진정한 의사가 되고 싶다.

40쪽 **깊게 생각해 봐요**

1. 노먼 베쑨

2. 옳지 않았다.

3. 전쟁 속에서 한 소년의 다리는 구했으나 그로 인해 노먼 베쑨은 병을 얻어 생을 마감한다.

소년병의 다리 상태가 심각하기는 하였지만, 생명에 지장이 있을 정도는 아니었다. 차라리 소년병과 함께 전투가 한창인 곳을 벗어나 안전한 곳에서 수술을 했다면, 소년병의 다리는 잃었을지언정 노먼 베쑨은 살았을 것이다. 한 소년병의 다리와 많은 이들의 생명을 바꾼 것은 옳지 않다고 생각한다.

4. 생략

〈엄마 미안〉

42쪽 준비됐나요?

생략

43쪽 책 속에 있어요

1. 생략

2.

45쪽 깊게 생각해 봐요

1. 성실, 생명 존중, 비밀 엄수, 희생, 봉사

2. (1) 촛불은 자기 자신이 타들어 가면서 주변을 밝혀 준다. 간호사도 촛불과 마찬가지로 자신을 희생하여 다른 사람의 병을 낫게 해 준다. 촛불은 간호사의 희생과 봉사의 정신을 의미한다.

   (2) 생략

3. 찬호야, 아픈 데도 불구하고 다른 친구들과 동생들에게 꿈과 희망을 주는 네 모습이 참 멋 졌어. 나는 엄마에게 사소한 일로도 투정을 부렸는데, 네 모습을 보니 내가 참 부끄러웠어. 밥 먹기 싫다고, 맛있는 반찬이 없다고, 장난감 사 달라고, 놀이공원 가고 싶다고 떼를 쓰 던 내 모습을 생각하면서, 건강한 것이 가장 행복하다는 것을 몰랐던 것이 부끄럽더라. 비 록 병을 이기지 못하고 하늘나라에 갔지만, 거기서는 아프지 말고 아빠와 함께 행복하게 잘 지냈으면 좋겠어.

〈왕따 슈가 울던 날〉

49쪽 준비됐나요?

1. 좋은 점 : 아플 때 나를 돌봐 주시고, 열심히 일하시는 모습이 멋질 것 같다.

   나쁜 점 : 항상 바쁘시기 때문에 가족과 함께하는 시간이 부족할 것 같다. 꾀병을 부릴 수 없을 것 같다 등

2. 슈는 몸집이 작고 소극적인 성격이기 때문에 왕따를 당했을 것 같다. 등

왕따를 당하면 학교에 가기 싫을 것 같고, 나를 왕따 시킨 친구들이 미울 것 같다.

50쪽   `책 속에 있어요`

1. 환자들을 엄마처럼 잘 돌봐 주기 때문이다.

2. 지나가는 사람들이 팻말을 보고 꼬맹이 할머니를 한 번이라도 보러 오라고 팻말을 걸었다.

3. 친구들에게 왕따를 당하고 있다는 것을 의미한다.

4. 슈! 너무 슬퍼하지 말아요. 꼬맹이 할머니는 항상 슈의 마음속에 있을 거예요. 앞으로 친구들과 학교생활 즐겁게 하고 마미씨와 행복한 나날들을 보내요.

51쪽   `깊게 생각해 봐요`

1.

마미씨. 슈는 누구보다 씩씩하고 착한 아이이기 때문에 왕따 문제는 스스로 잘 극복해 갈 수 있을 거예요. 옆에서 잘 지켜봐 주고 응원해 주세요.	꼬맹이 할머니의 상태가 많이 안 좋아져서 걱정이에요. 그래도 마미씨는 벚꽃 병원의 엄마니까 마미씨가 계시는 한 꼬맹이 할머니도 금방 나으실거예요.	간호사로서 가장 힘든 순간을 겪고 있는 것 같아요. 할머니의 고통을 생각하면 할머니의 선택을 존중해야 하지만, 환자의 생명을 구해야 하는 간호사로서 할머니의 의견에 찬성할 수는 없겠죠? 그래도 마미씨가 할머니 곁에서 할머니를 지켜 준 덕분에 할머니께서 마음을 돌리셨네요. 마미씨는 정말 훌륭한 간호사예요. 힘내세요.

2.

마미씨의 행동이 옳다.	꼬맹이 할머니의 자살을 막았어야 한다.
꼬맹이 할머니는 병 때문에 너무 큰 고통을 겪고 계시다. 스스로 고통을 덜고 편하게 돌아가실 수 있도록 곁을 지켜 드린 행동은 옳다고 생각한다.	간호사는 아픈 사람을 돕고 치료해 주는 직업이다. 아무리 환자가 고통으로 인해 자살을 하고 싶더라도 간호사는 끝까지 환자를 설득하고 막아야 한다. 생명은 소중하기 때문이다.
환자의 죽음에 대한 간호사의 마음	
매일 돌보던 환자가 병으로 인해 너무나 큰 고통을 받고 있거나, 갑자기 죽으면 참 슬플 것 같다. 간호사가 되기 위해서는 환자를 희생과 봉사의 마음으로 대해야 하지만 갑작스러운 이별도 담담하게 받아들일 수 있는 마음가짐도 필요할 것 같다.	

3. 질문 1 : 슈가 왕따를 당한다는 사실을 알고 어떤 기분이 들었나요?

질문 2 : 할머니가 자살을 결심하셨을 때 왜 끝까지 말리지 않았나요?

질문 3 : 슈가 옥상에서 지켜보고 있었다는 사실을 알았나요?

질문 4 : 할머니가 돌아가셨을 때 어떤 기분이 들었나요?

질문 5 : 간호사로서 어려운 점은 무엇인가요?

4. 인터뷰 활동을 하고 느낀 점 : 엄마와 간호사라는 직업을 함께하는 게 참 어려울 것 같다는 생각이 들었다. 슈와 할머니가 서로 상처를 보듬어 주는 것이 감동적이었다. 왕따 당하는 친구들을 도와줘야겠다는 생각이 들었다. 슈를 위로해 주시던 할머니가 돌아가셔서 슬펐다 등

제3장 / 선생님

〈난 원래 공부 못해〉

59쪽 **준비됐나요?**

1. 아 떨려!, 내가 숙제를 안 했나?, 빨리 집에 가고 싶다, 선생님은 결혼 하셨나요? 등

2. 음악, 나는 가수처럼 노래하는 것을 좋아해.

   수학, 나는 숫자가 얼마나 우리 생활에 필요한 건지 잘 알아.

3. 내 마음의 색 : 빨강, 다짐 : 아! 떨리고, 걱정도 된다. 잘 해낼 수 있을지… 하지만 난 잘 해낼 거야. 성적도 올릴 수 있게 공부도 열심히 해야지. 많은 친구들하고 잘 지냈으면 좋겠다.

61쪽 **책 속에 있어요**

1. 아이들에게 먼저 인사하기, 반 티 입기, 과자파티 하기, 반 단합대회 하기

2.

오오오 대작전	삼삼삼 대작전	와와와
영어 단어 다섯 개 외우기 수학 문제 다섯 개 풀기 한자 다섯 개 외우기	3개씩으로 줄어듦	오오오와 같지만 자유롭게 하기

62쪽 **깊게 생각해 봐요**

1. 좋은 대학에 가야 되기 때문이다, 그래야 훌륭한 인생을 살 수 있다 등

2. 옳지 않다-어쨌든 숙제를 베끼는 것은 도둑질하는 것과 같은 짓이다.

   옳다-베끼지 않으면 숙제를 할 수 없기 때문이다.

3. ⑴ 모두 똑같아져서, 각자 개성이 없어진다. 그래서 나는 모두 똑같은 옷을 입고, 똑같이 행동하지는 않을 거다.

   ⑵ 그런 사람도 있겠지만, 찬이처럼 자기 생활에서 행복을 느끼는 사람에게 굳이 영어 단어 외우는 것은 필요 없을 것 같다.

   ⑶ 단합도 중요하고, 공부하는 것도 중요하지만, 스스로 하고 싶은 공부를 하게 하는 것이 좋을 것 같아요. 사람마다 생각하는 것이 다르기 때문에 자기가 행복해하는 일을 찾아

서 하면 좋을 것 같다.

(4) 인격, 개성, 할 수 있는 일 등

(5) 생략

〈안녕하세요, 벨 박사님〉

66쪽 <mark>준비됐나요?</mark>

1.

장애인	운동가	인간 승리
수화	헬렌 켈러	벨 박사
농아	책	설리번 선생님

2. 부딪혀요, 누군지 알 수 없어요, 답답할 거예요, 눈물이 날 수 있어요, 슬퍼요, TV를 못 봐요 등

67쪽 <mark>책 속에 있어요</mark>

1. 어머니가 농아에 가까운 장애를 가지고 있었다.

2. 공부를 잘한다고 좋은 선생님이 아니라 배운 것을 고민하여 자기 것으로 만들고 그것을 학생들에게 쉽게 가르쳐야 좋은 선생님이다.

3. 헬렌 켈러의 아버지 : 헬렌이 가진 장애를 포기하지 않고 여러 군데 헬렌을 교육시킬 곳을 찾아 알아보고 마침내 벨 박사님과도 만나게 하였다.

   설리번 선생님 : 헬렌의 어리광 피우는 행동이나 질서가 잡히지 않는 행동을 일관성 있게 사랑으로 교육하여 헬렌이 인격을 갖추는 데 도움을 주었다.

   벨 박사님 : 헬렌이 우수한 교육과 대학 교육을 받을 수 있도록 환경을 갖추어 주었고 헬렌에게 애정을 쏟았다.

68쪽 <mark>깊게 생각해 봐요</mark>

1. (1) 자신을 가르쳐 준 앤 설리번 선생님, 자신이 혼자서도 사람답게 살 수 있는 교육을 해 주었기 때문이다.

   (2) 시각장애인에게 버스 자리를 양보한다. 시각장애인과 함께 다니는 안내견을 귀찮게 하지 않는다. 수화를 배워 본다 등.

2. (1) 좋은 선생님이다. 왜냐하면 자신의 연구를 통해 사람들이 편리하게 생활할 수 있도록 도움을 많이 주었다, 많은 장애인들을 도왔다, 선생님으로서 죽을 때까지 연구와 공부를 꾸준히 하였다 등.

   (2) 학원은 꼭 필요하다고 생각될 때 다니고, 시간을 잘 배분하여 공부도 노는 것도 열심히 해야 할 것이다.

(3)

주제	장애인의 행동이 어떻든지 항상 배려하고 도와야 한다.	
	찬성	반대
주장	장애인을 항상 도와야 한다.	장애인이라도 남에게 피해를 주는 행동을 할 때는 돕지 않는다.
주장하는 까닭	장애인은 혼자서는 잘 생활할 수 없다.	남에게 피해를 주는 행동을 할 땐 당연히 그 행동을 고쳐 주어야 한다.
주장의 근거	혼자 장애를 극복하는 것은 어려운 일이고 헬렌 켈러 같은 분은 보기 힘들다.	남에게 피해를 주면서 자기가 하고 싶은 대로 내버려 두면 오히려 장애인을 방치하는 것과 마찬가지다.
반론	닉 부이치치처럼 돕는 것이 해결책이 되지는 않아요.	장애인을 애정의 손길로 대해 주어야 마음이 풀릴 것 같아요.
정리	장애인을 돕되 자기 스스로 이겨 내고 자신의 삶을 살 수 있도록 조언을 계속해 주어야 한다.	장애인을 돕는 것은 찬성하지만 사람들에게 피해를 주지 않도록 노력하게 하여야 한다.

〈선생님, 우리 얘기 들리세요?〉

72쪽 **준비됐나요?**

1. 생략

2. 음식 만들어 먹기, 운동회 한 것, 체험학습 가서 재미있게 활동, 봉사 활동 나간 것 등

73쪽 **책 속에 있어요**

1. 1달러짜리 단어 찾기 → 여러 재료로 식물 키우기 → 축구장의 풀잎 세어 보기 → 특수반 방문하기 → 모둠 축제 열기

2. (1) 피터 ↔ 장난이 심해요. 공식 악동

　(2) 제시카 ↔ 이사 왔어요. 책 뒤에 숨어요.

　(3) 루크 ↔ 성적이 좋아요. 지기 싫어해요.

　(4) 알렉시아 ↔ 맘대로 편을 갈라요.

　(5) 제프리 ↔ 말이 없어요. 콩이 죽는 게 싫어

　(6) 대니얼 ↔ 농장 집 딸이에요.

　(7) 애나 ↔ 공부에 관심 없어요.

3. 선생님은 어느 정도 엄해야 한다고 생각한다. 공부시간에 떠드는 아이들을 엄하게 다스려야 수업을 잘 진행할 수 있을 것 같다.

74쪽 **깊게 생각해 봐요**

1. 일상생활에 필요한 수학만 배운다면 우리는 연산밖에 할 것이 없다. 그러나 우리가 빌딩을 이용하고, 다리를 놓고, 비행기를 만드는 것은, 우리가 수학을 일상생활에서 필요한 것만

배워서는 안 된다는 것을 알 수가 있다.

2. 운동장의 풀을 세는 것은 다양하게 생각하게 만든다. 일 더하기 일만 배워서는 안 되듯이 수학은 흔히 정답이 있는 것 같지만 정답을 찾아가는 다른 방법도 배워야 할 것 같다.

3. (1) 생략

(2) 예) 4학년 때 담임 선생님, 체육 선생님 등

(3)

주제	배우기 위해서는 쉬운 일만 해서는 안 된다.	
	찬성	반대
주장	늘 도전적인 경험을 해야 배울 수 있다.	쉬운 일을 해서 성취감을 높이는 것이 좋다.
주장하는 까닭	도전을 했을 때 여러 실패 경험도 자신에게 도움이 될 수 있다.	자기에게 주어진 작은 일부터 성공해야 성취감이 높아진다.
주장의 근거	늘 성공만 한다면 실패했을 때 그 절망감이 커서 경험하는 것을 포기할 수 있다.	성취감이 높아지면 점점 자신의 수준을 높여 성공할 수 있는 기회가 온다.
반론	계속 도전하고 실패하면 오히려 노력을 하지 않을 수 있다.	하기 싫거나 어려운 일을 계속 피하게 된다.
정리	도전적인 경험을 하기도 하지만 자신에게 맞는 과제를 해서 할 수 있다는 자신감도 높여야 할 것이다.	성취감을 높이기 위한 쉬운 일도 해야 하지만 어려운 일을 피해서도 안 된다.

(4) 사람은 누구나 다른 사람과의 관계에서 두려움을 가질 수 있어. 네가 그렇게 생각하는 것은 당연한 거야. 하지만 같이 친하게 지내거나, 협동하는 것을 배우게 되면, 혼자서 할 수 있는 것보다 같이 하는 것이 얼마나 기쁜지 알게 될 거야.

제4장 / 경찰

〈출동! 마을은 내가 지킨다〉

82쪽　　**준비됐나요?**

1. 생략

2. 생략

83쪽　　**책 속에 있어요**

1. 송화지구대 8시 출근 후 제복을 입고 일 시작함 → 송화동 곳곳을 돌며 순찰함 → 빈집털이 신고 받고 출동 → 사건 현장에서 초동수사함 → 시장에서 날치기 범인 잡음 → 보고서 작성 후 경찰서 형사과로 넘김 → 치매 할머니의 실종 신고를 받음 → 인터넷 누리집에 실

종 신고서 등록함 → 교통사고 현장 교통정리함 → 밤에 술 취한 사람들 안전하게 집에 가도록 도움

2. 간단한 보고서를 작성해서 경찰서 형사과로 넘어가고 형사는 지구대 경찰이 쓴 보고서를 바탕으로 수사를 하고 나면 검사가 법원에 재판을 청구하게 된다. 그래서 법원에서 재판을 하고 재판관의 판결에 의해 벌을 받게 된다.

3. 어려움에 처한 사람에게 가장 먼저 손을 내밀고 시민을 지키고, 모시고, 늘 웃는 얼굴로 봉사하는 경찰이 되겠다고 다짐했다.

4.

과	하는 일
생활안전과	시민들이 생활하면서 벌어지는 크고 작은 사건을 해결해 줌
수사과	남을 속이는 사건을 조사하고 해결해, 거짓말로 남의 재산을 빼앗거나, 회사 돈을 제 돈처럼 쓰는 사람들을 붙잡음
경비교통과	교통사고가 나지 않도록 예방하고, 교통사고를 조사해서 집회나 시위가 있을 때 사고가 없도록 질서를 유지시키는 일을 함
경무과	경찰서 살림을 맡은 곳으로 경찰들 월급도 주고, 일할 때 필요한 물건도 사 주는 일을 하며 경찰서에서 하는 일을 시민들한테 알리는 일도 함
보안과	우리나라뿐 아니라 다른 나라까지 관련된 국제범죄를 다루고 맡은 지역에서 일어나는 중요한 정보를 알아내는 일도 함
경찰 특공대	나라에서 큰 행사를 치르거나 중요한 외국 손님이 왔을 때 안전을 맡은 경찰로 폭발물을 처리하거나 테러 조직을 잡아들이는 일을 함

84쪽 　깊게 생각해 봐요

1. 내 의견 : 직접적으로는 등교시간에 교통질서를 지켜 주셔서 안전하게 등교할 수 있다. 간접적으로는 내가 모르는 곳에서 열심히 우리 지역을 지켜 주셔서 우리 모두 편안하게 생활할 수 있다.

친구 의견 : 직접적으로는 학교 폭력 예방 교육 강의를 해 주셔서 학교 폭력이 줄었다. 간접적으로는 우리가 모르는 혼자 살고 계시는 어르신들을 돌봐 주셔서 어르신들이 편안하게 생활할 수 있다.

같은 점 : 우리가 편안하게 생활할 수 있게 해 준다.

다른 점 : 학교 폭력 예방 교육, 등교시간 교통질서

2. 생략

〈경찰 공무원 / 브랜드 매니저〉

86쪽 　준비됐나요?

1. 생략

2. 생략

책 속에 있어요

1. 어떤 사람일까요? : 사회의 안정과 국민의 행복을 위해 법과 질서를 유지하는 사람이다.

   힘든 점은 어떤 게 있을까요? : 범죄자를 상대하기 때문에 항상 위험에 드러나 있다.

   좋은 점은 어떤 게 있을까요? : 국민의 안전을 책임진다는 자긍심을 가질 수 있다.

   무슨 일을 할까요? : 여러 가지 사건을 해결해 주고 교통질서를 예방하고 교통사고를 조사하고 시민들의 안전한 삶을 위해 여러 가지 일을 한다.

   역사는 언제 시작되었을까요? : 경찰공무원 제도의 출발점은 고려 후기 '순금만호부'라는 치안 기관이 세워졌고, 조선시대에는 의금부라는 경찰 기관으로 변했다. 그 이후 경찰 공무원은 갑오개혁 이후 포도청이 폐지되고, 경무청이라는 근대적인 경찰 기관이 세워졌다.

   어떤 능력이 필요할까요? : 체력, 순발력, 의사소통 능력, 봉사 정신

2. 경찰 특공대 ↔ 전술요원, 폭발물 처리 요원, 탐지견 요원으로 나뉘어 있음

   인터폴 ↔ 해외로 달아난 범인 체포 시 국가들끼리 협조 필요가 있어 세운 국제기구

   항공요원 ↔ 경찰 항공기 운항·정비 등의 업무 수행

   해양 경찰 ↔ 바다 위에서 일어나는 강도, 밀입국, 밀수 등의 범죄 단속

   범죄 심리분석, 프로파일링 ↔ 범인의 성격, 성별, 연령 등을 추정해 범인 체포

3.

학교	일반계, 자율 고등학교와 경찰대학, 경찰행정학과 졸업 후 시험에 응시한다.
(1) 공부해야 할 필수 과목	국사와 영어 공부를 열심히 해야 한다.
(2) 관련 자격증	1종 보통 운전면허는 경찰 공무원의 필수 자격증이다. 워드자격증, 태권도단증(각종무술단증), 외국어 관련자격증 등이 있으면 가산점을 받을 수 있다.
(3) 학교 졸업 후	고등학교 : 남녀 모두 만 18세부터 일반 순경 응시가 가능하다. 경찰대학교 : 시험을 치지 않고 바로 경찰 간부 경위가 된다.

깊게 생각해 봐요

1. 능력 : 의사소통능력

   까닭 : 사건을 객관적으로 조사하고 피해자와 가해자를 바르게 파악하기 위해서는 의사소통 능력이 아주 중요하다고 생각한다.

2. 나의 다짐

   나는 건강한 체력을 키우겠습니다. 왜냐하면 건강해야 많은 어려운 사람들을 위해 열심히 뛰어 다닐 수 있기 때문입니다.

   나는 봉사정신을 키우겠습니다. 왜냐하면 국민의 어려운 일을 내 일처럼 열심히 도와줘서 국민 모두가 행복해지길 바라기 때문입니다.

   나는 긍정의 힘을 키우겠습니다. 왜냐하면 어렵고 힘든 생활을 하는 사람들에게 나의 긍정의 힘으로 희망을 주고 싶기 때문입니다.

나 ○○○은 위와 같은 다짐을 꼭 실천하도록 하겠습니다.

3. 나진로 형사는 정의남 형사와 경찰차를 타고 신고가 들어온 할머니 댁을 향해 사이렌을 울리며 출발했지만 주변 차들이 잘 비켜 주지를 않아 마음이 더 조급해졌어요. 어렵게 할머니 댁에 도착하니 할머니는 많이 놀라셨는지 방바닥에 주저앉아서 "내 금 내 금" 하며 눈물을 흘리고 계셨어요. 나진로 형사는 정의남 형사에게 할머니를 안심시키라고 말한 뒤 초동수사를 시작했어요. 곧 과학수사팀에서 증거를 수사하기 위해 도착했어요. 나진로 형사와 정의남 형사는 범인 수법이 요즘 몇 차례 일어난 사건들과 비슷해서 그동안 사건을 진행해 오던 자료를 찾기 위해 다시 경찰서로 들어가면서 시계를 보니 점심시간이 훌쩍 넘어 있다는 것을 알게 되었어요. 앞에 보이는 편의점에 차를 세우고 정의남 형사에게 컵라면을 사오라 해서 그것으로 점심을 해결하고 서둘러 경찰서로 돌아갔어요. 진행해 오던 수사기록들을 살펴보고 용의자 몇 명을 찾을 수 있었어요. 용의자가 자주 다니던 PC방에 차를 세워 두고 언제 올지 모르는 용의자를 기다리기로 했어요. 혹시 범인이 눈치챌까 봐 일반인처럼 사복을 입고 자동차도 일반 자동차를 탔어요. 한참을 기다리다 지칠 때쯤 PC방 주인한테 연락이 왔어요. 나진로 형사는 정의남 형사와 재빨리 PC방으로 들어가 범인을 잡았어요. PC방 주인에게 도움을 줘서 고맙다는 인사를 하고 범인을 데리고 경찰서로 왔어요. 며칠째 잠도 못 자고 고생했지만 할머니 금도 찾아 드리고, 다른 분들이 도둑 맞았던 것들을 찾아 드릴 수 있어서 뿌듯했어요. 나진로 형사는 형사과에서 거친 사건을 담당하는 것이 힘겨울 때도 있지만 이렇게 사건이 해결될 때마다 경찰이라는 직업에 대한 자부심과 형사과라서 갖게 되는 보람을 느껴요.

〈경찰은 무슨 일을 하나요?〉

92쪽 ▨ **준비됐나요?**

1. 생략

2. (1) × (2) × (3) × (4) ○ (5) ○

93쪽 ▨ **책 속에 있어요**

1.

궁금했던 질문	궁금증 해결
스파이도 경찰인가요?	국가 정보원이라고 하는데 나라에 큰 위협이 될 만한 위험한 인물을 비밀리에 조사하고 감시하는 일을 한다.
전경은 왜 옛날 군인처럼 방패를 사용하나요?	시위를 하는 사람들이 법을 어기면 그 사람들을 막아야 하는데 자신의 몸을 보호하기 위해 머리에 헬멧을 쓰고 단단한 방패를 사용한다.
경찰견도 도둑을 잡나요?	지하철, 공항 등 공공장소에서 폭탄이나 특정 약물을 냄새로 구분해서 찾고, 눈사태나 지진이 나서 무너진 건물에 갇힌 사람을 찾아내는 일을 한다.

2. '경찰서 상황실'이 있어서 경찰이 빨리 출동해서 사고를 해결하고 위험에 빠진 사람을 돕는 데 큰 역할을 한다.

3. 사회의 질서를 위해서 나라에서 정해 놓은 규칙을 말하는데 국민은 누구나 그 나라의 법을 지켜야 할 의무가 있다.

94쪽 **깊게 생각해 봐요**

1.

구분	나	경찰
흥미 (좋아하는 것)	운동을 좋아하는데 특히 태권도와 음악 줄넘기를 좋아한다.	어려서부터 운동을 좋아해서 여러 가지 무술 유단자다.
적성 (잘할 수 있는 것)	추진력이 있어서 리더십 역할을 잘한다.	순발력과 추진력이 있다.
성격	적극적이고 활동적이다.	적극적이고 사람들과 의사소통 능력이 뛰어나다.

2.

규칙	까닭
교실에서 침을 뱉지 않는다.	교실 환경이 더럽고 다른 사람에게 불쾌감을 주기 때문이다.
일주일에 3일은 체육을 꼭 한다.	신체적으로 건강해야 공부도 잘할 수 있기 때문이다.
선생님이 학생에게 욕을 하지 않는다.	선생님도 학생을 존중해 줘야 하는 의무가 있기 때문이다.

제5장 / 법조인

〈어린이 꿈 발전소 : 법원〉

102쪽 **준비됐나요?**

1. 판사봉, 검은색, 안경, 지켜야 하는 것, 무섭다, 재판, 법원, 변호사, 검사 등

2. 법이란 꼭 지켜야 하는 것이다.

3. 강도나 도둑과 같은 범죄자들이 많이 생길 것이다, 교통사고가 많이 날 것이다, 질서가 사라져서 삶이 엉망진창이 될 수도 있다, 엄청 혼란스러울 것이다.

책 속에 있어요

1. 옳고 그름을 판단하는 것이다.

2. 고소하려고 한다.

3. 판사, 원고, 피고

4. (1) 판사 ↔ 재판에서 법률을 근거로 재판을 진행하고 판결을 내리는 역할

   (2) 검사 ↔ 범죄자의 죄를 조사하고 법원을 통해 그 죄를 묻는 역할

   (3) 변호사 ↔ 소송을 하는 사람들 중 법이나 재판과정에 대해 잘 모르는 사람을 도와주는 역할

   (4) 노무사 ↔ 회사, 근로자 간에 생길 수 있는 법적인 문제를 해결해 주는 역할

5. ①

6. ①, ③, ⑤

7. 사이버범죄수사대

8. 각종 전문 변호사들이 모여 있는 회사. 변호사들이 전문 분야별로 나뉘어 조직적으로 법률 서비스를 제공하며, 단 한 번의 사건 의뢰로 고객이 추구하는 바를 완벽하게 처리하는 원스톱(one stop) 법률 서비스가 이루어진다.

9. 증거[소송법상 법원에 사실의 존재에 관한 확신을 주기 위한 자료이다. 법규적용의 대상이 될 사실 인정의 자료로서 그 성격에 따라 인증(인적 증거)·물증(물적 증거)·서증(書證), 직접 증거·간접 증거(정황 증거) 등이 있다.]

깊게 생각해 봐요

1. 억울한 사람이 많아진다. 판사를 믿지 못하니까 재판 결과를 사람들이 믿지 못한다, 개인적으로 복수하는 사람들이 생긴다, 결국 세상은 혼란스러워진다.

2. **지켜야 한다** : 법은 지키라고 정해 놓은 것이다. 비록 잘못된 법일지라도 우선은 지켜서 법의 권위를 세워 주고, 잘못된 법은 고쳐야 한다.

   지키지 않아도 된다 : 법이 잘못되었는데 지킬 까닭이 없다. 다른 사람들도 이 법이 잘못되었다고 생각하기 때문에 굳이 법을 지킬 필요가 없다고 생각한다.

3. **김태희** : 냉철한 판단력이 필요하다.

   조인성 : 법에 관한 지식이 많아야 한다.

   이민호 : 논리적으로 잘 설득해야 한다.

4. 2035년 2월 15일

   제목 : 힘든 하루

   오늘은 재판이 있는 날이다. 벌써 세 번째 재판이다. 검사 측은 피의자가 확실한 범인이라고 생각하고 있지만 증거가 좀 부족하다. 피의자 측 변호사는 결백을 주장한다. 하지만 피의자 측도 증거가 확실하지 않다. 한 사람의 인생을 결정짓는 일이다. 신중하고 또 신중하게 자료들을 검토해 보았지만 답이 보이지 않는다. 하지만 난 끝까지 추적할 것이다. 진실은 존재하니까.

109쪽 `준비됐나요?`

1. 생략

2. 생략

110쪽 `책 속에 있어요`

1. 여행

2. ②, ③

　① 샌지는 빵 냄새를 맡았을 뿐이지 빵을 직접 만들지는 않았다.

　④ 샌지가 머물고 있는 도시가 향로와 보석, 울긋불긋 보석을 파는 곳이다.

3. 아랫집에서 올라오는 빵 냄새를 맡을 수 있었다.

4. 빵 냄새를 맡고 값을 치르지 않았기 때문이다.

5. 은닢 다섯 냥

6. 고고학자, 화가, 사서, 마법사, 과학자

7. 은닢 다섯 냥을 하나씩 던져서 빵집 주인이 그 소리를 듣게 했다.

112쪽 `깊게 생각해 봐요`

1. 도민준 : 냄새 맡은 값을 내라고 억지를 부리면 경찰에 신고할 것이다.

　천송이 : 돈을 가져가서 냄새를 맡게 해 준다.

2. 도둑이 될 수 있다 : 냄새도 자꾸 맡으면 없어진다. 냄새가 없어지면 도둑이 될 수도 있다.

　도둑이 될 수 없다 : 냄새는 저절로 맡아지는 것이지 선택할 수가 없다. 또한 소유가 되지 않는 것이기 때문에 훔치는 것은 불가능하다.

3. 〈판결문〉 빵집 주인은 샌지가 빵 냄새를 훔쳤다고 했지만 냄새는 어쩔 수 없이 맡은 것이므로 죄가 될 수 없다. 그러므로 샌지는 무죄로 판결한다.

〈법으로 희망을 심는 변호사〉

114쪽 `준비됐나요?`

1. 법의 도움이 필요한 사람들을 대신하여 그들의 권리와 이익을 찾아 주는 사람이다.

2. 법의 지식을 필요로 하는 사람, 피해를 당한 사람, 억울한 사람 등

3. 법을 악용하는 사람들이 늘어서 세상은 법을 아는 사람들이 지배할 것 같다. 억울한 사람들이 많아질 것 같다 등.

115쪽 `책 속에 있어요`

1. 환경 전문 변호사

2. 힘이 약해 피해를 입은 많은 사람들을 법적 절차를 통해 도와주는 것을 말한다.

3. ④

4. 판례는 과거에 있었던 비슷한 소송 사건의 판결 사례를 말한다. 판사가 판결을 내릴 때 판례는 큰 영향을 미친다. 비슷한 종류의 소송에 대한 판례가 있다면 그 판례를 참고해서 판결을 내리는 경우가 많다. 또한 변론할 때 주장의 근거가 되기도 한다.

5. ①, ②, ③, ④

116쪽 깊게 생각해 봐요

1. 냉정하고 철두철미한 사람, 활기차고 정의감이 넘치는 사람, 꼼꼼하고 조사를 잘하는 사람, 다른 사람들의 말을 귀담아들을 줄 아는 사람 등

2. **필요하다** : 범죄 자체는 잘못된 것이지만 상황이나 환경에 따라 어쩔 수 없이 범죄를 저지르는 경우도 있을 것이다. 생계형 범죄가 이에 해당한다.

   필요 없다 : 범죄는 범죄일 뿐이다. 죄를 지었으니 마땅히 벌을 받아야 한다. 범죄를 변호할 필요는 없다.

3. 질문1 : 마을 사람들이 소송을 무서워하셔서 피하시더라고요. 마을 사람들을 설득하는 것이 가장 힘들었습니다.

   질문2 : 처음 이 일을 할 땐 사람들한테 쫓겨나기도 하고, 협박도 당하고 그랬는데 요즘은 당당하게 찾아갑니다.

   질문3 : 답답했습니다. 분명 이길 수 있는데… 사람들이 법을 너무 어려워하고, 무서워하는 것 같습니다. 하지만 진심으로 대하면 사람들이 이해해 줍니다.

   질문4 : 소송에서 이겼을 때입니다. 보통 소송은 1년 정도 걸립니다. 1년이란 시간이 무척 길고 힘든데 결과가 좋으면 더 좋겠죠?

제6장 / 디자이너

〈디자이너가 되고 싶어요〉

124쪽 준비됐나요?

1.

패션 디자이너 홍미화
패션의 중심지인 파리에서 널리 이름이 알려진 한국의 프리랜서 디자이너
파리의 공원 벤셍 숲에서 열린 반딧불이 패션쇼에서 명성을 얻은 패션 디자이너
파리의 유명한 옷가게 중 하나인 마리아 루이자 상점에서 옷 주문을 받은 디자이너
프랑스 파리와 서울에서 여러 번의 패션쇼에 참가 '서울 국제패션컬렉션' 등이 그것이다.
홍미화 님은 창조적인 정신은 생활 속에서 습관처럼 만들어진다고 말한다.
살에 닿는 천의 촉감이 좋아야 편안한 옷이 되며, 입어서 편안한 옷이 좋은 디자인이라고 그녀는 말한다.

2.

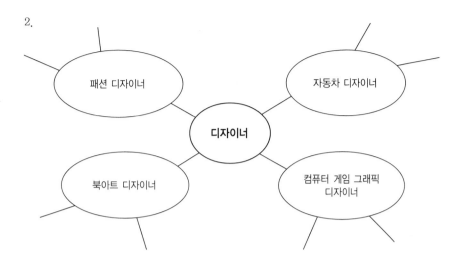

125쪽 **책 속에 있어요**

1. 한복의 곡선을 응용한 우아한 드레스 ▶ 색동 장식들을 부분적으로 사용한 옷들 ▶ 세계 전통 의상들의 특징이 조화를 이룬 옷들 ▶ 인도, 중국, 베트남, 아프리카의 분위기를 느끼게 하는 옷들 ▶ 소박한 유럽풍의 드레스 ▶ 들꽃으로 장식한 웨딩 드레스

2. 면, 마, 실크, 모, 레이온 등 아기들 기저귀를 만드는 거즈 천으로 상처를 감싸줄 때의 부드러움과 따뜻함, 편안함, 자연스러움을 표현했다.

3. 숲과 옷감과 패션 스타일이 조화를 잘 이룬 패션쇼의 마지막 장면으로 볼 수 있는데 특별히 기른 500마리의 반딧불이를 숲 속에 뿌렸다.

126쪽 **깊게 생각해 봐요**

1. 한복의 곡선을 이용한 우아한 드레스이다.
   금색 무늬를 이용하여 화려하며 폭이 넓은 부드러운 옷감을 이용한 것이 특징이다.

2. 내가 입고 싶은 옷을 직접 디자인해서 스케치하기, 디자인이 마음에 드는 옷을 사진으로 찍어서 모으기, 옷을 재단하는 방법을 배워서 재단해 보기, 간단한 옷부터 직접 만들어 보기, 평소의 아이디어를 기록하거나 스케치해서 보관하기, 옷감의 소재와 특징 살펴서 기록하기, 패션쇼 보고 패션 디자이너의 작품 평가하기, 자신이 되고 싶은 패션 디자이너를 상상하며 인생 설계하기 등

3. 20대 : 패션 디자인 전공하기, 멋진 졸업 작품 전시하기, 훌륭한 그리고 유명한 패션 디자이너와 교류할 수 있는 만남과 대회 조사해서 교류할 수 있는 준비하기. 해외에서 패션 디자인으로 잘 알려진 유명 학교에서 패션 디자인을 전공하기. 직업인으로서의 패션 디자이너 되기.
   30대 : 직업인으로서의 패션 디자이너로 자리 잡기, 예술적이고 세계적인 패션 감각을 익히기 위해 잡지와 전문가들과의 의견과 성과물 나누기, 자신만의 개성을 두드러지게 나타내기 위해 다른 전문가들의 조언 듣기, 패션쇼에 참가하기, 개인 패션쇼도 고려해 보고 30대

후반에 개인 패션쇼 열기.

〈궁금해요 디자이너가 사는 세상〉

128쪽 **준비됐나요?**

1.

	폭스바겐그룹의 벤틀리 외장 디자인 총괄 이상엽
루크와 이상엽	영화 트랜스포머에 범블비로 등장한 이상엽의 카마로
	폭스바겐과 아우디의 포르젝트 디자인
	카마로 프로젝트에 참가
	디자이너가 되기 위해 헝그리 정신이 필요하다고 그는 말한다.
	이상엽은 쉐보레 카마로를 가장 미국적으로, 현대적으로 재해석한 한국인 디자이너이다.

2. 멋진 자동차, 헤드라이트, 스포츠카, F1 등

129쪽 **책 속에 있어요**

1. 질문1 – 내가 원하는 것을 만들어서 시선을 끌고 실용성을 부여하여 사람들이 많이 사도록 하는 것이다.
   질문2 – 디자이너는 사람들의 삶의 방식과 성향에 맞추어 새로운 아이템을 만들어 내는 사람이다.
   질문3 – 디자이너에게는 창의적인 생각과 논리적인 사고라는 두 축이 작용하며 예술에 대한 재능이 필요하다.
   질문4 – 내 주변의 삶을 깊은 관심을 갖고 관찰하는 것과 좀 더 편리한 삶, 좀 더 멋있는 삶에 관심을 가지는 것이 중요하며, 예술에 대한 재능을 살려 진로를 선택해야 한다.
   질문5 – 미래에는 환경오염 문제가 중요하게 다뤄질 것이므로, 새로운 물건을 만드는 일을 최소화하고, 기존의 물건들을 멋지게 활용하여 사람들에게 행복을 줄 수 있는지를 연구하게 될 것이다.
   질문6 – 디자인이 자연스럽게 생활에 배어 행복한 삶을 누릴 수 있게 하는 다양한 '생각'들을 대상으로 한 디자인 행위가 더욱 늘어날 것이다.

2. 독일 : 엄격한 원칙에 근간을 둔 철저함과 본질에 충실한 디자인으로 유행이 오랫동안 변하지 않아 신뢰감을 준다.
   밀라노 : 세월의 흔적을 그대로 보존하면서 현대인의 삶을 반영한다.
   북유럽 : 유행과 상관없는 깊은 호흡, 자연으로부터의 영감과 지혜, 단순하고 절제된 형태, 상업적인 것을 목적으로 하는 것이 아닌 사람을 위한 디자인, 자연을 최대한 살린 재질과 색감 등으로 인간의 본질적인 정서와 편안하게 조화를 이룬다. 삶의 효율과 멋을 선사, 물건의 모양새를 개선하는 것이 아닌 우리의 생각과 삶을 개선한다.

3. 주변의 모든 현상과 환경에 관심을 가져야 한다. 특히 사람에 대한 관심이 우선이다. 그리고 자연과 더불어 사는 미래에 대한 진지한 고민이 필요하다. 디자인은 사람의 삶을 풍성하고 아름답게 해 주는 매우 창조적인 영역이므로 타인을 배려하는 마음으로 디자인하는 것이 중요하다.

4. ⑴ 디자인은 사람의 삶을 풍성하고 아름답게 해 주는 매우 창조적인 영역이므로 타인을 배려하는 마음으로 디자인하는 것이 중요하다.

⑵ 김성룡 디자이너가 추구하는 가치와 미. 즉 조형미, 절제미 등

⑶ 김성룡은 산업디자인 중에서 조형미를 가장 중요시하는 자동차 디자이너이다. 1992년 포드사에서 '머스탱 마하3'이란 작품이 콘셉트 카로 1992년 1월 디트로이트 모터쇼에 출품된 적이 있는데, 여러 언론매체로부터 좋은 평가를 받았다. 그가 추구하는 것은 어느 각도에서 보더라도 아름다운 선이 일관성 있게 드러나고, 면은 선과 조화를 이루며 절제 있는 조형미를 드러내는 것이다.

131쪽 **깊게 생각해 봐요**

1. 아름다운 선이 일관성 있게 드러나야 하고, 면은 선과 조화를 이루며 절제감 있는 조형미를 드러내야 해요. 중후한 굵은 선과 볼륨이 잘 살아나고 전체적으로 경제적이고 효율적인 아름다운 박스와 같은 조형미를 드러내야 해요.

2. 우아한 곡선미를 살린 생동감 있는 디자인의 자동차, 굵직한 직선으로 지성미와 남성미 그리고 현대적인 세련미가 잘 드러나는 자동차, 영국의 오랜 전통의 중후함을 전면과 후면에서 느낄 수 있게 디자인된 자동차, 젊음과 섹시함을 깜찍하게 드러낼 수 있는 소형 자동차 등에 이르기까지 각자 원하는 차를 디자인해 본다.

3. 디자인한 자동차의 특징과 용도, 외관상 드러나는 조형미와 곡선미, 직선미 등을 통해 볼 수 있는 특징, 그 외 기계적인 특징과 내, 외장재의 특징 등을 설명한다.

〈가슴 뛰는 내 일의 발견 십대를 위한 직업 백과〉

134쪽 **준비됐나요?**

1.

기문선	북아티스트 기문선. 한국북아티스트 협회 회장.
	국립문화재연구소 한국고고학저널 편집위원. 북아트 아카데미 운영. 출판사 대표.
	홍익대 시각 디자인과 졸업
	서울 세계북아트페어 작품 전시
	보림, 샘터 출판사 단행본 및 창작동화책 북아트
	문화시민연대와 장애인 핸드북 제작

2.

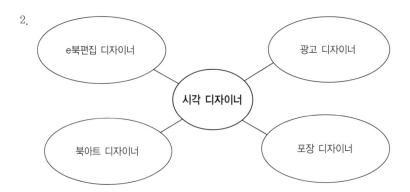

책 속에 있어요

1. (1) 시각 디자인은 이미지나 심벌 등을 통해 시각적인 정보를 전달하는 디자인을 말한다.

   (2) 광고 디자인, 포장(패키지) 디자인, 편집 디자인, 표지 디자인, 서체(타이포) 디자인, 일러스트레이션, CI(기업정체성) / BI(브랜드 정체성) 디자인, 캐릭터 디자인 등이 있다.

   (3) 광고, 디스플레이, 포장, 책 등의 매체에 시각 이미지를 디자인하는 사람.

   (4) 텔레비전, 잡지, 신문, 포스터, 옥외 광고 등 영상이나 인쇄 매체의 광고 화면을 구성하고 필요한 이미지를 디자인하는 사람.

   (5) 패키지 디자이너라고도 하며 화장품, 음식료품 등의 포장 용기, 포장지, 포장 상자 등을 디자인한다.

   (6) 편집 디자인을 하는 사람이다. 편집 디자인은 적극적인 요소인 그림과 문자(타이포그래피)와 소극적인 요소인 여백을 활용하여 형태를 만들고 컬러를 적용하는 디자인 행위이다.

   (7) 출판물과 관련된 지면 구성, 종이 선택, 판형의 변화, 잉크색, 제본, 인쇄 등에 이르는 도서의 제작 전 과정에 관여하면서 책의 표지만을 담당한다.

2.

선택 학과	배우는 내용
시각 디자인학과, 시각커뮤니케이션 디자인학과, 시각 정보 디자인학과, 광고 디자인학과	색채론, 디자인론, 디자인방법론, 디자인사, 그래픽 디자인, 편집디자인, 출판 디자인, 일러스트레이션, 포장 디자인, 광고 디자인, 시각 디자인, 컴퓨터그래픽스 운용기능사, 컬러리스트 기사 등

3. 창의력과 상상력, 소비자들의 반응과 시장조사 등

4. 예) 양들의 침묵. 영화의 성격과 광고를 통해 읽을 수 있는 공포감 등에 대해 써 보고, 영화는 과연 시리즈 형식으로 이어질 것인가 등에 대한 것까지 예측하는 느낌 등을 써 보세요.

깊게 생각해 봐요

1. (1) 백설공주와 일곱 난쟁이

(2) 생략

2. e북의 장점 : 많은 분량의 책을 저장할 수 있다, 휴대하면서 읽을 수 있다, 어느 장소에서나 쉽게 서서 읽을 수 있다, 가격이 저렴하다, e북 단말기의 각종 편의기능을 이용하면 더욱 다양한 내용을 편리하게 찾아 읽을 수 있다, 반영구적인 저장이 가능하다.

e북의 단점 : 종이책에서 느낄 수 있는 아날로그적 감성과 정감을 느낄 수 없다, e북 단말기를 따로 구입해야 한다, e북으로 출판된 책의 양의 그다지 많지 않다, 실제로 보아야 하는 책이 e북으로 출간되지 않은 것이 많다.

3. (1) 책, 휴대폰, 컴퓨터 등

(2) 생략

4. 파란색은 시원한 느낌, 빨간색은 따뜻한 느낌, 초록색은 맑고 깨끗한 느낌, 검은색은 암흑의 어두운 느낌, 황토색은 전원적이고 목가적인 느낌, 하얀색은 순수하고 순결한 느낌, 노란색은 밝고 시각적으로 두드러지고 싶으며 어린 느낌, 자주색은 노숙하고 전통적이며 나이가 든 느낌.

제7장 / 방송인

〈채널 고정, 시끌벅적 PD 삼총사가 떴다〉

146쪽　**준비됐나요?**

1. 다큐멘터리, 드라마, 음악 프로 등 다양한 어린이들의 기호를 고려한 프로그램.

2.

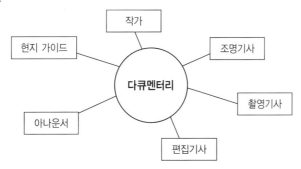

3. 만나고 싶은 사람 : 손석희

그 사람이 하는 일 : 아나운서

하고 싶은 질문 : 다른 방송국과 다른 관점으로 뉴스를 전달하는 까닭은 무엇인가요?

147쪽　**책 속에 있어요**

1. 아나운서와 MC

2. 개인적인 감정을 감추어야 하는 것. 예를 들면 아버지 제사가 있는데도 무대에 올라가면 웃

겨야 하는 것

3. 뉴스 앵커, 스포츠 캐스터, 쇼 오락 진행자. DJ, VJ, 리포터, 우리말 프로그램 등을 직접 제작

4. 아나운서 정말 좋아 : 세상 곳곳에서 일어나는 일 전하기, 다양한 사람들과 만나 그의 삶에 대해 직접 이야기를 들을 때, 현장에서 뉴스를 진행할 때

   아나운서라서 쬐끔 괴로웠어 : 타 본 적 없는 수상 스키를 방송을 위해 타야 할 때, 원고 시간이 30초 남았을 때, 원고를 못 찾아 8초 동안 아무 말없이 고개 숙이고 있었을 때

148쪽 `깊게 생각해 봐요`

1. (1) 언제 어떤 돌발 상황이 일어날지 모르니까 순발력이 있어야 한다.

   (2) 유머 감각과 재치, 시청자의 마음을 사로잡는 감성, 프로그램 성격에 맞는 다양한 배경지식 등이 있어야 한다.

   (3) 바르고 고운 말을 사용할 수 있는 능력, 표준말 사용 능력, 정확한 발음, 발성 등이 좋아야 한다.

2. 남의 말을 잘 들어주기(경청), 상대를 잘 배려하기(배려), 믿음 신뢰성을 줄 수 있는 진정한 마음가짐이 필요하다.

3. (1) 기자

   (2) 글을 쓰는 것을 좋아하고 정확한 사실을 전달하는 일이 재미있다.

   (3) 강점-글을 잘 쓴다, 사건을 구경하는 것을 좋아한다, 남에게 사건에 대하여 전하는 것이 재미있다. / 약점-내 생각대로 사건이나 사고를 해석하는 습관이 있다.

4. 사건 사고기록에 대한 읽을거리를 더 많이 찾아서 읽어 보고, 사건 사고를 바르게 효과적으로 전달하는 글쓰기 능력을 더 개발해야겠다.

〈내일을 상상해 봐 오프라 윈프리〉

151쪽 `준비됐나요?`

1. 환경을 사랑하는 아나운서 ○○○의 쇼

2. 초대하고 싶은 사람 : 환경을 위해 애쓰는 사람들

   나누고 싶은 이야기 : 환경을 위해 평소에 어떻게 노력하는지, 우리가 할 수 있는 일을 무엇인지 이야기하고 싶다.

152쪽 `책 속에 있어요`

1. 누가 : 오프라 윈프리가

   어디서 : 방송국에서

   언제 : 뉴스를 진행할 때

   무엇이 : 공정성이 부족하다며 그만두게 되었다.

   어떻게 : 뉴스를 진행할 때 사고를 당한 사람들에게 감정을 이입하여 보도하였다.

왜 : 오프라 윈프리의 성격이 감정이 풍부하고, 남을 배려하는 마음이 강하기 때문이다.

2. ②

3. 앵커의 자리를 떠나 토크 쇼 진행자를 새로 시작했을 때 오프라 윈프리의 성격이 장점이 되었다.

4. 숨기고 모르는 척하는 대신에 당당히 말하고 자신의 처지에 있는 비슷한 사람들을 도왔다.

5. 따뜻함, 배려, 솔직함, 도전정신, 인내심 등

6.

좋은 영향을 미친 성격 (P)	나쁜 영향을 미친 성격 (M)
솔직함	따뜻함
방송 활동에 끼친 영향	
발이 아파 구두를 벗어던지고 방송을 했을 때 사람들이 오히려 좋아했다.	기자로서 냉정하지 못해 기자를 그만두게 되었다.

155쪽 깊게 생각해 봐요

1.

이 름	의 견
이형준	연예인은 타고나는 것이므로 외모보다는 능력이 있는 사람만 예비 스타로 뽑혀야 한다고 생각한다. 왜냐하면 연예인은 노래, 연기, 개그 등 다른 사람에게 보여 줄 수 있는 재능이 있어야 하는데 이 중 아무것도 잘하지 못하는 사람은 노력하는 데만 시간이 많이 걸릴 것이다.

2. (1) 오프라 윈프리가 뉴스를 그만두고 자신의 성격에 맞는 토크 쇼를 진행하면서 더욱 유명해졌을 때

(2) 일이나 직업을 선택할 때 자신의 강점과 약점을 잘 분석해 보는 것이 필요해.

(3) 1장면 : 가수가 되고 싶어 노래와 춤 연습을 하는 친구를 바라보고 있다.

2장면 : 친구가 춤이 잘 안 된다며 좌절하는 모습. "으으으, 왜 난 춤이 안 되는 걸까?"

3장면 : 그 친구에게 다가가서 어깨를 감싸 안는 장면

4장면 : 춤이 안 되지만 너는 노래를 잘하잖아. 가수에게는 춤보다 노래가 더 중요하잖아.

〈방송인이 될 테야〉

158쪽 준비됐나요?

1. 촬영감독, 피디, 음향기사, 조명기사 등

2. 앵커 : 사회에서 일어나는 여러 사간들을 올바르게 파악해야 함. 뉴스를 시청자에게 명확하고 신뢰감 있게 전달해야 함.

교양 프로그램 MC : 프로그램 성격에 맞는 전문성을 갖추어야 하기 때문에 늘 공부해야 함. 프로그램 신뢰를 위해 우리말을 정확하고 품위 있게 사용해야 함.

책 속에 있어요

1. ×, ×, ○, ○, ○

2. (1)

회의실	컷	드라마
밤샘	PD	조명기사
조연출	메모	예능

(2)

아나운서	인터뷰	기자
생방송	앵커	진행
큐시트	프롬프터	뉴스

3. 제작, 프로듀서, 작가, 의상, 미술, 소품 담당자, 스크립터, 녹음감독 등

4. 방송 아이템 찾기/ 촬영한 것 방송용으로 편집하기/ 생방송, 녹화 방송하기/ 제작, 연출 보
   조하기/ 의상, 세트 디자인 의뢰하기/ 외국 영화 등을 우리말로 더빙해서 만들기/ 방송 프
   로그램 계획 짜기/ 촬영 장소 정하기

5. 공통점 : 출연자가 있음, 스태프(staff)가 있음, 사람에게 감동이나 재미를 줌
   차이점 : 보여 주는 대상이 다름(시청자, 관객, 관람), 촬영 장소가 다름, 연극은 카메라에
   담지 않고 바로 관객에게 보여 줌 등

6. 감독과 피디의 공통점은 제작에 참여하고 배우의 연기를 지도하며 화면에 담길 내용을 결
   정하는 것입니다. 차이점은 피디는 주로 방송 쪽에서 일을 하고, 감독은 영화 쪽에서 일을
   한다는 것입니다. 영화에서 피디는 촬영 전단계와 마케팅 쪽에서 일하는 사람을 뜻합니다.

깊게 생각해 봐요

1. 하는 일 : 카메라를 인물, 배경에 잘 맞추어 가장 좋은 화면이 나올 수 있게 함.
   즐거운 점 : 시청자가 편하게 볼 수 있게 촬영, 아름다운 장면이나 평상시 볼 수 없는 장면
   들을 촬영하여 시청자에게 보여 줄 수 있음.
   힘든 점 : 카메라의 각도, 거리에 대한 전문지식, 등산이나 낙하 등 어려운 일이 많음.

2.

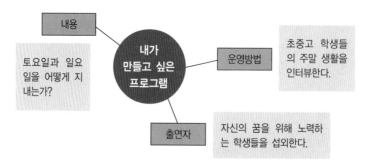

〈Who? 김연아〉

168쪽 **준비됐나요?**

1. 스키 : 스키를 신고 두 개의 지팡이를 짚고 눈 위를 지치는 운동이다. 스키를 신고 눈 위를 달리고 활강하고 점프하는 운동을 말한다.

　　준비물 : 스키(플레이트), 스키화, 폴(지팡이 2개), 방수 스키복, 바인딩, 모자, 고글(선글라스)

2. 피겨스케이팅, 연기, 예쁘다, 연습벌레, 미셸 콴, 동계 올림픽, 눈의 요정, 어머니, 아사다 마오, 광고모델.

3. 운동하기 싫을 때 어떻게 하는지요, 피겨스케이팅 기술 중에서 가장 연습을 많이 하는 동작은, 메달을 목에 걸었을 때의 기분은, 휴일에는 무엇을 하는지, 어떤 음악을 좋아하는지?

169쪽 **책 속에 있어요**

1. ③

2. ② (드리블 : 축구나 럭비 등 공을 몰거나 주고받는 것)

3. (1) 종달새의 비상　(2) 세헤라자데

4. 김연아 : TV에서 김연아의 갈라쇼를 보았다. 빙판 위에서 나비처럼 춤추는 모습은 정말 아름다웠다. 일곱 살 때 마음먹은 꿈을 끝끝내 이루어 낸 김연아의 노력을 생각하니 마음이 무거워졌다. 무거운 몸이 나비처럼 날아오르기까지 얼마나 많은 연습을 했을까. 한 동작도 그냥 지나칠 수 없었다. 김연아처럼 꿈을 이루어 내고 싶다.

170쪽 **깊게 생각해 봐요**

1. 연주야, 나는 너의 노래를 듣고 있으면 참 부러워. 특히, 친구들이 너만 노래 시킬 때 질투가 났어. 친구들이 네가 노래 잘한다고 할 때 나는 입을 삐죽거리기 일쑤였어. 하지만, 네가 힘들이지 않고 고음을 낼 때는 입이 딱 벌어지곤 해. 네가 부러워서 혼자 연습을 해 보곤 하는데 나는 그때마다 쇳소리가 나고 목에 핏대가 서고 장난이 아니야. 그런데 어느 날 너도 처음엔 그런 소리가 나오지 않았다고 말을 해 주었을 때, 너의 솔직함이 고맙고 네가 가깝게 느껴졌어. 솔직히 지금은 네 노래 소리보다 난 네가 좋아졌어. 어느 날부터 내가 노래하면 네가 뒤에서 같이 해 주는 게 정말 기분 좋았어.

　난 처음에는 너를 이기고 싶어서 열심히 노래를 불렀는데 지금은 노래가 좋아졌어.

　연주야, 나는 이제 노래도 좋고 노래 잘하는 친구를 둔 게 자랑스러워. 나는 반 장기자랑에 너랑 듀엣 하는 꿈을 꾸곤 해. 그날까지 우리 열심히 노래하며 친하게 지내자.

2015년 2월에

너를 자랑스럽게 생각하는 수희가

2. 마오에게

마오야, 오늘 내가 우승해서 뛸 듯이 기뻤어. 그동안 고생했던 날들이 떠오르면서 눈물이 나더라. 솔직히 주니어대회에서 네가 우승할 때마다 우울하고 희망이 보이지 않았어. 특히, 너의 트리플 악셀은 정말 부러웠어. 나는 그게 안 되었거든. 그래서 나는 대신 점프를 너처럼 잘해야지 하고 수천 번의 엉덩방아를 찧으면서 높이 날아올랐어. 힘들 때마다 너를 떠올렸어. 그랬더니 어느 날 '점프의 교과서'란 찬사를 받게 되었어.

마오야, 이번에 설령 금메달은 놓쳤지만, 나에게 너는 영원한 금메달 친구야. 그리고 얼마 전에 너의 어머니께서 돌아가셨다는 소식을 들었어. 우리 운동하는 사람들에게 어머니의 역할이 얼마나 큰지 잘 알고 있기에 더욱 슬펐어. 우리 엄마도 한동안 널 걱정하셨어. 아마, 너의 엄마께서는 하늘나라에서 널 꼭 지켜 주실 거야.

마오야, 우리 시합 다 끝나고 한가한 날에 우리 집에 한번 놀러와. 한국 음식도 먹으면서 우리가 얼마나 힘들게 여기까지 왔는지 터놓고 이야기하자.

그럼 마오야, 힘내고 다시 만날 때까지 안녕~

3. (P.59 참조) 내가 김연아였다면, 이 핑계 저 핑계 대면서 다른 종목으로 바꾸었을 거 같다. 나는 아침에 일어나는 무엇보다 힘들어서 아침마다 엄마와 전쟁을 치른다. 또 밤이면 내가 좋아하는 게임 때문에 숙제를 미루기도 한다. 지금 방과 후 학습으로 배우고 있는 운동도 가끔 이유를 대서 빠지고 있으니 김연아와 같은 환경에서는 해낼 수 없을 거 같다.

〈Who? 마이클 조던〉

173쪽 　준비됐나요?

▶ 운동 관련 읽었던 책(만화) : 꿈 발전소-태릉 선수촌, 스피트왕 번개, 날아라 슛돌이, 슬램덩크, 스타트 새로운 질풍(달리기), 야구하는 여자/축구하는 여자, 퍽(아이스 하키), 하이큐(배구), 야와라(유도), 플라이 하이(기계체조),

▶ 관련 영화나 드라마(TV 애니메이션 등)
　달리기 : 스피드 도둑, 겁쟁이 페달
　골프 : 탄도, 라이징 임팩트, 하늘의 스바루
　농구 : 소라의 날개, 슬램덩크
　체조 : 플라이하이
　축구 : 엔젤 보이스
　핸드볼 : 국가대표, 우리 생애 최고의 순간

▶ 멋진 운동선수 : 박찬호, 이승엽, 장미란, 마이클 펠프스(수영), 박태환, 박세리, 펠레, 무하마드 알리, 마이클 조던, 우사인 볼트(마라톤) 등

▶ 운동과 관련된 경험 : 초등학교 2학년 때 아빠를 따라 '춘천 마라톤대회'에 참가했다. 아빠는 풀코스(42.195km), 나와 엄마는 5km를 달렸다. 나와 엄마는 아빠에 비하면 스타트에 불과하지만 연습을 안 했기 때문에 도착하자마자 쓰러졌다. 4시간이 다 되어 도착한 아빠는 끄떡없었다. 비결은 아빠는 매일 달리기 연습을 하시기 때문이다. 역시 운동은 연습이 없

으면 절대로 안 된다는 것을 알았다.

174쪽 **책 속에 있어요**

1. (1) 에어 조던 (2) 명예의 전당 (3) NBA

2. ① 포인트 가드

   ② 슈팅 가드

   ③ 스몰 포워드

   ④ 파워 포워드

   ⑤ 센터 포워드

3. 영수에게

   영수야, 오늘 마이클 조던의 만화를 읽었어. 이 책을 읽으면서 계속 네 생각이 났어. 너는 입버릇처럼 키가 작아서 농구선수를 할 수 없다고 하잖아. 나도 너처럼 그렇게 생각했어. 그런데 마이클 조던도 우리 나이 때 키가 작아서 동네 축구에서도 끼워 주지 않았대 글쎄. 키가 크고 싶어서 신발 밑에 소금까지 넣었대. 그냥 웃어넘기기엔 조던의 마음이 얼마나 간절했을까 생각하니 왠지 슬퍼져. 그런데 어느 때부턴가 키에 신경을 안 쓰고 연습만 했어. 그러다 보니 기술도 늘고 키도 컸어. 고등학교 때까지 키가 작아서 대표팀에서 탈락했지만 1년 후 200여 개 대학교에서 스카우트 제의가 들어왔대.

   그리고 농구에서 꼭 장신들만이 슬램덩크를 성공하는 건 아니래. 실제로 NBA 덩크슛 콘테스트에서 신장이 168㎝인 스퍼드 웹 선수가 우승을 차지하기도 했대. 그는 작은 신장의 핸디캡을 수비를 따돌리는 자신만의 무기로 극복했대. 그리고 이 책에도 나오는데 타이론 보그스도 163㎝이지만 빠른 발을 이용한 스피드로 래리 존슨과 단짝 콤비를 이루며 강팀으로 만들었다고 씌어 있어. 그들은 키가 작아도 농구를 할 수 있다는 희망을 준 거지.

   영수, 너에게도 그 사람들이 힘이 되고 희망이 되었으면 좋겠다. 너도 정말 농구를 좋아한다면 키 말고 너만의 무기를 만들어 봐. 영수야, 그럼 너의 농구의 꿈이 키 때문에 좌절되지 않길 바랄게. 만약 커서도 키가 크지 않는다면 '키 작은 김영수'가 보여 주는 농구의 묘기가 분명히 있으리라 나는 믿어.

   2015년 2월에

   널 믿는 친구 동선이가

4. 형 래리 조던의 반만큼만 농구를 잘하고 싶었던 조던은 래리 조던의 등번호 45번의 절반인 23번으로 했다. 그만큼 농구를 잘하고 싶은 마음이 간절했던 것이다.

176쪽 **깊게 생각해 봐요**

1. 생략

2. 생략

〈박지성, 11살의 꿈 세계를 향한 도전〉

　　　준비됐나요?

1. 박지성. 서양에서 박지성의 별명은 Three Lungs Park 입니다. 즉 지성박의 발음과 비슷한 단어들을 사용하여 '세 개의 심장 박'이라는 뜻의 별명을 만들어 맨유의 팬들을 비롯한 많은 서양의 팬들이 그렇게 부르며 칭찬을 하고 일부 선수들까지도 그런 말을 인터뷰로 한 적이 있습니다. 해외에서의 세계 최고 수준의 체력과 기본기를 바탕으로 하는 선수라는 이미지가 강합니다.

2. 축구선수 : 박지성, 펠레, 호나우드, 지단, 베컴, 마라도나, 앙리, 리베로, 유상철, 홍명보, 박주영, 황선홍, 차범근, 차두리, 안정환, 최용수, 손흥민, 기성용, 구자철, 이청용 등

   축구 규칙 및 기술 : 킥, 드리블, 볼 리프팅, 패스, 볼 컨트롤, 슈팅, 헤딩, 태클, 킥오프, 스로인, 코너킥, 오프사이드, 직접 프리킥, 간접 프리킥, 페널티킥 등

   축구가 좋은 까닭 : 친구들과 어울릴 수 있다, 골을 넣었을 때 기분이 좋다, 달리기를 재미있게 할 수 있다, 경기에 몰입할 수 있어 좋다, 땀을 흘리고 나면 시원하다.

   축구할 때 나의 약점 : 체력이 약해서 쉽게 지친다, 공이 내게 오지 않으면 지루하다, 공이 올 때만 달린다, 시작할 때 귀찮은 생각이 든다.

　　　책 속에 있어요

1. ④ 야구기술

2. ①

3. ④

4. ②

5. 예시 글

쪽수	감동적인 대목
21쪽	지성은 축구부가 해체된다고 축구를 포기할 수 없었습니다. 그래서 운동장에 혼자 남아서 예전처럼 해가 질 무렵까지 공을 차는 연습을 계속했습니다. 일주일이 지나고 한 달이 지나도 지성은 그렇게 혼자 연습을 했습니다. 그날도 칼바람을 뚫고 텅 빈 운동장에서 혼자 공을 차며 연습을 하고 있었습니다.
33쪽	당시 지성의 집은 수원 영통시장에서 반찬가게를 하고 있었습니다. 아버지는 지성이를 위해 다니던 직장을 그만두고 정육점을 차렸습니다. 직장에 다니면서 지성이를 챙기는 것도 어렵고, 고기를 맘 놓고 먹일 수 있겠다는 생각에서 그렇게 결정한 것입니다. 그날 이후 지성은 "네가 살길은 실력밖에 없다."는 아버지의 말씀을 단 하루도 잊은 적이 없었습니다.
46쪽	"공이 발등 구석구석에 3천 번씩 닿아야 감각이 생기고, 다시 3천 번이 닿아야 어느 정도 컨트롤을 할 수 있게 된다. 그것이 축구의 기본이야." 지성은 그 말을 그대로 믿었고 부지런히 실천했습니다. 운동장이 아니어도 상관없었어요. 그저 공만 있으면 집 주변 어디에서나 가능했지요. 심지어 방이 훈련장이 되기도 했습니다.

깊게 생각해 봐요

1. 지성이면 감천이다. 진인사대천명(盡人事待天命)

   왕관을 쓰려는 자 그 무게를 견디어야 한다.

   뿌린 대로 거둔다.

   신은 스스로 돕는 자를 돕는다.

   훈련이 완벽을 만든다.

   땀 없는 달콤함은 없다. 노력 없이는 결실을 맺을 수 없다.

   형설지공(螢雪之功), 마부위침(磨斧爲針), 각고면려(刻苦勉勵)

2. "경석아, 요즘 공부는 안 하고 축구만 하니?"

   "아빠, 저 축구선수 될래요."

   "너 혹시 공부가 싫어서 축구하겠다는 거라면 그만둬라."

   아버지가 경석에게 조용히 타일렀습니다. 경석은 아버지의 말씀을 듣고, 자신이 축구를 좋아하는 까닭에 대해 생각해 보았습니다.

   "축구선수로 성공하기가 공부로 성공하는 거 보다 훨씬 어렵단다."

   "……."

   경석이는 아무 말도 하지 못하고 입만 뾰로통하게 내밀고 서 있었습니다.

3. 생략

4. 박지성 아저씨께

   아저씨, 안녕하세요. 저는 송화초등학교 최경석이에요.

   인터넷 검색을 하다가 아저씨의 발 사진을 보고 한참을 뚫어지게 바라보았어요. 비뚤어지고 문드러진 발 옆에 아저씨의 여자처럼 고운 손이 나란히 있었어요. 아마 아저씨의 발도 처음엔 그렇게 고왔다는 거지요. 또 그 옆에 발레리라 강수진의 발과 어느 음악가의 손도 있었어요. 저는 한참을 바라보았어요. 한 분야에서 성공한 사람들은 저절로 된 것이 아니라는 걸 알았지요.

   아저씨의 책을 읽고 저도 아저씨처럼 공이 3천 번을 발등에 닿는 연습을 시작했는데 백번도 못해서 지루해서 그만두었어요. 반복이 얼마나 지루한지 알았어요. 역시 저는 축구로 노는 것이지 선수감은 아닌가 봐요. 하지만, 아직까지는 꿈을 생각하면 축구가 생각나고 아저씨가 떠올라요.

   아저씨의 발을 보지 않았다면, 축구를 재미있게 노는 것으로만 알고 무턱대고 하면 된다고 덤볐을 거 같아요. 아저씨의 발 사진을 제 책상 앞에 붙여 놓았어요. 제 발이 아저씨의 발처럼 형체가 변하기까지 얼마나 운동장을 누벼야 할지 생각하면 두렵기도 하답니다.

   저도 정말 아저씨 같은 유명한 선수가 될 수 있을까요? 아저씨의 사인이 적힌 답장을 받고 싶어요. 그리고, 이 크림은 아저씨의 흉터투성이인 발에게 주는 선물이에요. 바를 때마다 저의 이름 '최경석'을 기억해 주시고 기도해 주세요. 그럼 안녕히 계세요.

   2015년 2월

   축구를 좋아하는 최경석 올림

〈백산의 책〉

188쪽 | **준비됐나요?**

1. 생략

2. 생략

189쪽 | **책 속에 있어요**

1. 생략

2. 허 참판은 홍길동전을 구성하는데 이야기를 어떻게 연결할지에 대해 생각이 나지를 않아 며칠간 고민을 한다. 여기서 글을 구성하는데 이야기를 잘 풀리게 하는 조언자가 필요하다는 것을 고민하게 된다.

3. 허 참판은 글이 잘 써지지 않자 고민을 한다. 여기서 영특한 백산이 홍길동전에 나오는 축지법과 둔갑술을 이야기해 주어 허 참판의 고민을 해결해 준다. 홍길동전을 쓸 때 백산이 도움을 주었다고 하여 책의 이름을 '백산의 책'이라고 하였다.

4. 생략

191쪽 | **깊게 생각해 봐요**

1. 허 참판은 삐딱한 성격이다. 또한 자유분방하고 괴팍한 성격이다.

2.

성격	홍길동전에 끼친 영향
1. 삐딱한 성격 2. 자유분방한 성격 3. 괴팍한 성격	1. 신분이 높은 사람이 서얼 출신과 어울려 지냄 2. 전국을 여행하면서 평민의 생활을 직접 체험하고 평민과 어울림 3. 이상국가인 율도국을 세워 나라의 임금이 됨(그 당시에는 불가능한 행위)

3.

이름	의견
이정수	책을 많이 읽으면 간접 경험이 쌓이고 작가가 글을 쓰는 데 많은 도움이 된다.
김영희	책을 많이 읽는 것이 분명히 글을 쓰는 데 도움을 주는 것은 사실이나 여기에 다양한 경험이 있으면 더욱 좋을 것이다.
임병팔	훌륭한 작가가 되기 위해서는 많은 경험도 중요하지만 모든 경험을 하고 글을 쓴다는 것은 불가능하다. 그래서 책을 많이 읽으면 경험의 부족분을 책으로 메울 수 있다고 생각한다.

4. 초대하고 싶은 멘토 : 나의 맨토 작가(하은경 작가 : 백산의 책을 지은 작가)

나누고 싶은 이야기 : 이야기를 쓸 때 이야기의 구성이 잘 안될 때 어떤 방법이 있을까요?

초대하고 싶은 평론가 : 생략

〈처음 가진 열쇠〉

194쪽 준비됐나요?

1. 생략

2. 생략

195쪽 책 속에 있어요

1. **주인공의 가정 환경** : 장녀로서 어머니는 생선장사를 하시고 아버지는 엄격하시며 집안 살림을 주인공인 은명자가 맡아서 했다. 일찍 와서 저녁밥을 해 놓아야 했다.

   육상 선수 : 주인공이 잘하는 운동입니다. 학급 대표로 선발되어 학교 명예를 위해 열심히 노력하고 있으나 말라깽이다가 폐결핵에 걸려 고통을 받고 있었다.

   도서관 발견 : 4년 동안 학교에 다니면서 보지 못한 1~3반 교실에 도서관이 있다는 것을 처음 알고 주인공은 놀라게 된다.

   처음 가진 열쇠 : 도서 사서 선생님이 도서관의 열쇠를 맡기면서 언제든지 책을 읽을 수 있도록 배려를 해 주었다. 결국에는 육상 선수를 그만두게 되고 마음껏 책을 읽게 되어 나중에 훌륭한 작가가 되기 위한 계기가 되었다.

2. 은명자 ↔ 주인공

   육상코치 ↔ 육상 지도

   도서관 사서 ↔ 책의 안내

   어머니 ↔ 생선장사

   도영 ↔ 반장

3. 주인공인 은명자가 육상 훈련을 하고 난 후에 늦게 도서관에 와서 책을 읽을 수 있도록 배려를 해 주고 나중에는 도서관의 열쇠를 맡겼다. 결국에 주인공은 육상 선수를 그만두고 도서관에서 많은 책을 읽는 계기가 되어 나중에 작가가 되는 바탕이 되었다.

197쪽 깊게 생각해 봐요

1. 상상의 글도 경험이 바탕이 되어야 현실처럼 생생하게 쓸 수 있기 때문에 많은 작가들이 글의 소재를 어린 시절 겪었던 일로 정할 때가 많다.

2. (2)월 (4)일 날씨 : 흐림

   제목 : 학교 도서관에 가다

   겨울 방학 개학날이 얼마 남지 않아 선생님이 주신 책을 읽기 위해 도서관에 갔다.

   방학 전에 읽기 시작한 외국 명작 동화를 읽고 독후감도 썼다. 선생님이 숙제로 내 주신 책을 읽고 독후감도 쓰고 독후화도 그렸다. 내가 읽은 책을 친구에게 소개하는 글도 썼다. 그리고 어린이 신문사나 방송국에 보낼 시나 독후감도 정리하여 쓰고 도서관에 온 친구에게 내가 쓴 글을 보여 주고 친구의 평가를 참고하여 내가 쓴 글을 수정하여 다시 써 보는 연습도 해 보았다. 작가가 되기 위해 책도 읽고 독후감도 쓰고 독후화도 그리고 내가 쓴 글도 친구의 평가를 받아 보니 글쓰기가 즐겁다는 생각이 든다.

3. 나의 심사 기준 : 경험한 내용을 솔직하게 썼는지를 보겠다.

기준을 그렇게 정한 까닭 : 요즈음 아이들은 자기 생각을 쓰지 않고 어른들의 생각을 모방하여 쓰는 경우가 있어 아이 글이 아닌 어른 글이 많은 것 같다.

친구의 기준과 까닭 : 나는 진솔한 글도 좋지만 재미있고 생각을 많이 할 수 있는 글이 좋은 것 같다. 그 까닭은 글이 재미있어야 읽고 생각할 거리가 있어야 오래 기억되기 때문이다.

〈물에 쓴 글씨〉

200쪽   **준비됐나요?**

1. 생략

201쪽   **책 속에 있어요**

1.

원인	결과
음년제 선생님은 궁지에 몰린 학생에게 상담의 기회를 제공한다.	콜린 상담교사와 모인 남학생 여섯 명에게 부모님을 사별한 이후에 감정을 조절하는 방법을 배운다.
도서관에서 만난 한 남자가 시집 한 권을 준다.	시집을 통해 지금 견디고 있는 슬픔과 고통이 행복이 될 수 있다는 것을 깨닫는 계기가 된다.
개구쟁이지만 속이 깊은 친구 사파만들라는 늘 밝은 모습으로 노엘을 챙긴다.	노엘의 친구로서 노엘이 어려움을 이겨 낼 수 있도록 늘 도와주었다.
삶은 배고픔이며 시는 영혼의 음식인 것을 깨달았다.	노엘은 커서 사람들의 아픔을 어루만져 주는 좋은 시를 쓰는 작가가 될 것 같다.

2. 엄마와 아빠 역시 병이 들어 노엘의 곁을 떠나고 노엘의 형은 거리의 폭력배 생활을 하다가 형마저 죽게 된다. 아프고 굶주린 형을 위해 음식을 훔치는 행위를 한다. 노엘의 말처럼 음식이 희망이기 때문이다. 혼자 힘으로 모든 것을 이겨 내고 정직함과 믿음을 지켜 낼 수 있을지 노엘은 끊임없이 갈등한다. 우연히 도서관에 만난 한 남자가 건네준 시집 한 권을 읽고 새로운 희망을 갖게 된다. '삶은 배고픔이며 시는 영혼의 음식'이라고 말하면서 노엘은 아픔을 시의 깨달음으로 승화시키면서 한층 성숙한 학생이 된다. 노엘은 커서 사람들의 아픔을 어루만져 주는 좋은 시를 쓰는 작가가 될 것을 다짐한다.

3. 집시

   늙은 메그, 그녀는 집시

   그녀가 사는 곳은 황무지

   잠자리는 무성한 갈색히스

   그녀의 집은 문 밖에 있지

   ·····································

깊게 생각해 봐요

1.

배고픔이 일상이 된 노엘은 음식이 희망이었다. 혼자의 힘으로 모든 것을 해결해 나간다는 것은 불가능했고 삶의 의미를 깨닫지 못했다.

→ 한 남자와의 만남

한 남자가 건네준 시집에서 영혼의 음식을 알게 되었다. 시는 배고픔이라는 걸, 배고픔은 시가 될 수 있다. 시를 생각하면 영혼의 음식이 떠오른다. 노엘은 영혼의 음식을 주변 사람들에게 나누어 줄 것을 다짐한다.

2.

좋은 점	힘든 점
1. 다른 사람에게 감동을 줄 수 있다. 2. 고통 받는 사람에게 희망을 준다. 3. 삶은 배고픔이며 시는 영혼의 음식이다. 4. 삶의 의미를 깨닫게 해 준다. 5. 사람의 감정을 순화시킨다.	1. 다양한 경험이 필요하다. 2. 논리성보다는 순간적인 포착이 필요하다. 3. 남과 다른 관찰력이 필요하다. 4. 경제적으로 어려움이 있다. 5. 일반 사람들이 시를 많이 읽지 않는다. (이해하기 어려운 점이 있다.)

3. 친구야, 안녕?

   나는 ○○초등학교에 다니는 ○○○라고 해.

   초등학교 때는 성인이 쓴 동시를 외우고 모방하는 것보다는 우리들이 경험한 내용을 그대로 써 보는 것, 또한 오감을 이용한 동시를 써 보는 것도 좋을 것 같아.

   예를 들면 성인이 써 놓은 동시는 이해가 안 되는 부분도 많이 있어. 그래서 그런 동시를 흉내 내어 쓰면 잘 쓴 동시처럼 보일지는 모르지만 우리들에게는 감동을 주지 못할 거야. 앞으로 동시를 쓰려면 우리들의 솔직한 느낌을 쓰도록 해 보자. 그러면 다른 사람에게 감동을 줄 거야.

〈현대 물리학의 별 이휘소〉

210쪽 <u>준비됐나요?</u>

1. 현재 나의 책꽂이에 있는 책 : 총, 균, 쇠, 장영실, 유레카 시리즈 등

  더 꽂고 싶은 책 : 과학이 재미있어지는 우주 이야기, 과학자와 놀자, 눈먼 시계공 등

211쪽 <u>책 속에 있어요</u>

1. 인, 염소, 황, 철, 규소 등.

2. 스포이트 ↔ 액체를 담아서 적당량을 떨어뜨릴 때 사용하는 도구

  플라스크 ↔ 목이 길고 몸은 둥글게 만든 화학 실험용 유리병

  비커 ↔ 액체를 붓는 입이 달린 원통 모양의 화학 실험용 유리그릇

  페트리접시 ↔ 사물을 넣고 실험하는 납작한 접시 모양의 도구

  피펫 ↔ 소량의 액체를 옮길 때 쓰는 도구

3. 오늘 읽지 않고 내일의 지식이 있다 하지 말고

  올해 읽지 않고 내년의 소망이 있다 하지 마라.

  세월이 흐르고

  시간을 나를 위해 멈추지 아니 하나니

  아! 늦었구나. 후회한들

  이 게으름은 누구 때문인가.

4. 오펜하이머 : 프린스턴 연구소장을 지낸 학자로서 아인슈타인 다음으로 세계 과학 발전에 커다란 기여를 한 사람이라고 인정한다.

  아인슈타인 : 이휘소의 영웅으로서 죽을 때까지 연구를 하며 생을 마감한 그의 열정을 보고 화학에서 물리학으로 전공을 바꾸게 된 '상대성 이론'의 영향을 받았다.

  영국 식물학자 브라운 : 브라운 운동법칙 만든 식물학자로서 액체나 기체 안에 떠서 움직이는 미소 입자의 불규칙한 운동이라고 밝힌 학자이다.

  코페르니쿠스 : 코페르니쿠스가 등장하기 전에는 고대 그리스에서 르네상스에 이르기까지 우주의 성질에 대한 통념이 기본적으로 변한 것이 없었다. 그러나 코페르니쿠스의 등장으로 암흑기에서 과학혁명으로의 길로 나아갈 수 있는 계기가 되었다. 그는 지구와 태양의 위치를 바꿈으로써 지구가 더 이상 우주의 중심이 아님을 천명했는데, 이것이 당시 누구도 의심하지 않던 프톨레마이오스의 우주 체계에 정면으로 도전한 것이다.

  뉴턴 : 브라운의 운동법칙의 오류를 풀어낸 아인슈타인에 의해 원자를 눈으로 확인할 수 있게 되자 뉴턴이 말한 '신이 만들어 준 상태로 존재하는' 세상을 '내가 보는 것에 의해 존재하는 것'으로 사람들의 생각을 바꾸어 놓았다. 1687년을 '고전 과학 기적의 해'라고 한다고 했듯이 직접적인 영향은 없지만, 이휘소가 물리학의 한 획을 긋는 자가 되는 데 힘이 되었다.

깊게 생각해 봐요

1. 이휘소의 성격 : ①자신이 좋아하는 일을 즐기고 ② 자신이 하는 일이 가치가 있길 바라고 ③ 교만하지 않고, 게으르지 않고, 정직하며 ④ 청렴한 성격이다.

　　나의 성격 : ① 장난이 심하고 ② 아직은 가치 있는 일을 잘 모르고 ③ 게으르지만 ④ 정직하고 ⑤ 효심이 깊은 성격

2. 이휘소 아저씨, 안녕하세요?

　　요즘 날씨가 추운데 이휘소 아저씨 하늘에서는 어떻게 지내시나요?

　　전 날씨가 추워도 매일 나가서 축구하며 건강하게 지내고 있답니다.

　　우연히 이휘소 아저씨의 책을 읽다가 꼭 들려 드릴 이야기가 있어서 편지를 쓰게 되었답니다. 아저씨, 전요. 좋아하는 일이 축구인데 그게 주변에 그다지 의미를 주거나 가치 있는 일 같지 않아요. 그냥 즐겁고 재미만 있어요. 그래서 이휘소 아저씨의 글을 읽으니 나와 상관없는 신과 같은 사람의 이야기라고 여겼는데, 게으르지 않았다는 말씀이 제 고민을 해결해 주셨어요. 축구를 재미있게 즐기더라도 스포츠 관련 책 종류를 부지런히 읽어서 박지성 선수처럼 일지도 쓰며 저만의 백과사전을 만들어 제 일이 가치가 있게 할 방법을 알게 되었어요.

　　멋지고 후회 없는 삶을 사신 이휘소 아저씨 존경합니다. 이 말씀을 드리고 싶었어요. 저도 좀 더 멋진 사람으로 자라겠습니다. 아저씨, 하늘에서도 건강하시길 바랄게요.

〈뇌 : 선생님도 놀란 초등과학 뒤집기〉

준비됐나요?

1.

시간	하는 일	내 용	점수
8	밥 + 기상	등교시간 늦어서 급하게 먹어서 체함	3
9	조례시간에 혼남	공기계 핸드폰을 제출하지 않고 몰래 게임하다 친구와 다퉈서 혼나서 후회함.	1
10	수학	보건실 갔었고 수업시간엔 (Δ의 성질)을 배움	3
11	도덕	수행평가를 봤음. (용서의 필요성을 도덕적 관점에서 쓰기.)	4
12	과학	중간고사 본 후의 수업 방식을 설명해 주심. 영상(위스키와 물의 분리관련 영상을 봄)	4
13	영어	단어 공부만 해서 재미 없었음.	3
14	국어	킹콩을 들다 영화 시청. 독서. 공부 방법에 대한 설명.	4
15	집에서	친구와 싸운 일은 내가 더 잘못해서 부끄럽고, 친구에게 사과편지도 쓰고, 나의 행동 때문에 자존심이 상했다.	1
16			1
17			1
18	식사	속상해서 맛없었지만 더 혼날까 봐 그냥 억지로 먹음.	1

19	수필 읽기	외할머니 생각을 읽고 독서록을 씀.	4
20			4
21	울었기 때문에 금세 피로해서 일찍 잠.	피로가 심함.	4
점수		4점이 많았기 때문에 나의 하루는 대체로 긍정적이었다.	34

2. 혼도 나고 속상한 일이 많았지만 대체로 긍정적으로 반성한 것 같다. 4점이 많은 것을 보니, 단점을 반복하지 않도록 실천만 잘 한다면 나에게 좋은 일이 생길 것 같다.

217쪽 <u>책 속에 있어요</u>

1.

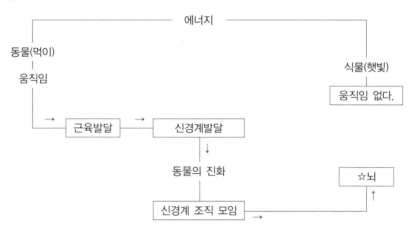

2.

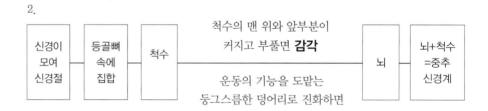

3. 뉴런

4. (1) ○ (2) ○ (3) ○ (4) ○ (5) ○ (6) × (7) ○

5. 생략

6. 마음속에 긍정적인 생각을 많이 하고 많이 웃는다 등.

7. (1) **숙면의 장점** : 몸에 쌓인 피로를 풀고 대뇌의 피곤도 푼다. 성장호르몬이 나온다.
   (2) **잠을 못 잘 때의 단점** : 머리가 멍하고 꿈을 많이 꿔서 피곤하다.

8. 치매 : 혈관성 치매, 알츠하이머, 헌팅턴병, 크로이츠펠트-야콥병(CJD)

9. 치매예방 치료제 만들기, 사람의 일을 대신할 기계 로봇, 인공지능 휴머노이드

220쪽 깊게 생각해 봐요

1. 컴퓨터 장치가 하는 일 : 컴퓨터 장치가 하는 일은 신경세포가 하는 일과 비슷하다. 자판은 본체와 연결되어 있는 전선으로 본체에 중앙 처리 장치를 하도록 하며 이는 다시 전선으로 연결되어 있는 모니터에 나타나서 중앙 처리 장치가 하는 일을 보여 준다.

   인간의 뇌가 하는 일

   • 대뇌 : 감각과 운동, 정신활동 담당

   • 중뇌 : 눈의 운동 조절

   • 소뇌 : 몸의 균형 유지

   • 간뇌 : 감각 정보 밀집, 혈압과 체온 조절 ┐

   • 뇌교 : 대뇌와 척수를 이어 줌   ├ 뇌줄기 (뇌간)

   • 연수(숨뇌) : 호흡·심장·소화 조절   ┘

   • 간뇌 : 감각 정보 밀집, 혈압과 체온 조절

   • 뇌교 : 대뇌와 척수를 이어 줌

   • 연수(숨뇌) : 호흡·심장·소화 조절

   설명 : 신경세포들이 뇌의 명령을 받아서 우리 몸에 전달되는 과정은 컴퓨터의 전선이나 중앙 처리 장치와 비슷하다. 즉, 예를 들어서 귀라는 감각기관을 통해 들린 소리는 뉴런이라는 감각신경이 운동신경 사이를 이어주는 연합신경을 자극하여 운동기관에 전달된 운동신경에 의해 귀라는 감각기관이 요구한 필요한 동작을 하게 된다.

2. 생략

〈바이러스에서 살아남기 2〉

223쪽 준비됐나요?

1. 생략

2.

> 날짜와 날씨 : 20○○년 8월 15일
>
> 대표 감정 : 침착하자
>
> 내용 : 그제는 모두페 콜 바이러스 역학 조사를 하다가 에볼라에 감염되어 숨졌다고 한다. 오늘은 환경이 너무 지독해서 화장실에서 오래 앉아 있었다. 걱정이다. 누군가를 살리기 위한 백신이 필요하다.
>
> 오늘의 반성 및 내일의 다짐 : 의로움을 잊지 말자. 난 의사다.

225쪽　　**책 속에 있어요**

1. 열, 반점, 설사. 발진, 포진 등

2. 생략

3. 피로와 스트레스 / 되도록 깨끗한 환경, 영양소 / 철분, 두뇌에, 견과류, 버섯 / 멜라토닌

4. 같은 종끼리 감염된다.

5. 유산균, 효모, 푸른곰팡이

227쪽　　**깊게 생각해 봐요**

1. 홍역, A(B, C)형 간염, 세균성 장염, 눈병 아폴로 등.

2. 227쪽 '책 속에 있어요'의 2번 참고.